관옥 이현주의

토마복음 읽기

관옥 이현주의
토마복음 읽기

2023년 5월 25일 초판 1쇄 펴냄
지은이 이현주
편집 나루
펴낸이 신길순
펴낸곳 (주)도서출판 **삼인**
전화 02-322-1845
팩스 02-322-1846
이메일 saminbooks@naver.com
등록 1996년 9월 16일 제25100-2012-000046호
주소 (03716) 서울시 서대문구 성산로 312 북산빌딩 1층

디자인 끄레디자인
인쇄 수이북스
제책 은정

ISBN 978-89-6436-237-2 03230
값 13,000원

관옥 이현주의

토마복음 읽기

이현주 지음

삼인

이 글은 토마복음 해설도 아니고 주석도 아니다.
관옥은 그런 작업을 할 실력도 자격도 없음을 스스로 알고 있다.
그냥 토마복음을 읽으면서 떠오르는 생각들을 될수록
간명하게 달아본 것이다.
왜, 뭐 하려고, 이러는 건지 실은 저도 모른다.

말 그대로 사족蛇足을 다는 것이긴 하겠지만,
이것이 토마복음을 좀 더 깊이 만나는
하나의 방편일 수도 있겠다는 생각은 든다.
성 토마께서 기특하게 봐주시기를….

관옥觀玉

차례

머리말 5

1 누구든 이 말씀들의 풀이를 발견하는 사람은 14
2 찾고자 하는 자들은 발견할 때까지 16
3 네 지도자들이 너희에게 이르기를 18
4 나이 많은 사람은 삶의 자리에 대하여 20
5 네 앞에 있는 것이 무엇인지를 알아라 22
6 우리가 금식하기를 바라십니까? 24
7 사람을 먹을 사자는 운이 좋다 25
8 그 사람은 바다에 그물을 던져 26
9 보아라, 씨 뿌리는 사람이 밖으로 나가 28
10 내가 세상에 불을 던졌다 30
11 이 하늘은 지나갈 것이다 31
12 당신이 우리를 떠나실 줄 우리가 알고 있습니다 33
13 나를 어떤 것에 견주어보고 35
14 너희가 금식하면 너희는 스스로 죄를 불러올 것이다 38
15 여자한테서 태어나지 않은 사람을 보거든 40
16 사람들은 내가 세상에 평화를 던지러 왔다고 42

17 내가 너희에게 눈이 보지 못한 것 44

18 말씀해주십시오, 우리의 끝이 어떻게 오겠습니까 46

19 존재하기 전에 존재한 사람은 복이 있다 49

20 하늘나라가 무엇과 같은지 우리에게 말씀해주십시오 51

21 당신 제자들은 어떤 사람들과 같은가요? 53

22 젖 먹고 있는 저 아이들이 56

23 내가 너희를 뽑겠다 59

24 선생님 계신 곳을 보여주십시오 61

25 네 벗들을 네 영혼 같이 사랑하고 63

26 너희가 벗의 눈에 있는 티는 보면서 64

27 너희가 이 세상으로부터 금식하지 않으면 66

28 나는 내 자리를 세상 복판에 두었고 68

29 육이 영 때문에 있게 되었다면 70

30 신위가 셋 있는 곳의 그것들은 신성하다 72

31 어느 예언자도 고향 마을에서는 환영받지 못한다 73

32 높은 언덕 위에 세워져 요새화된 도성은 74

33 너희가 너희 귀로, 다른 귀로 76

34 눈먼 사람이 눈먼 사람을 이끌면 77

35 사람이 힘센 사람 집에 들어가 78

36 아침부터 저녁까지 그리고 저녁부터 아침까지 79

37 당신이 언제 우리에게 나타나시고 80

38 너희는 자주 내가 지금 너희에게 하는 말을 82

39 바리사이들과 율법학자들이 지식의 열쇠를 가져다가 84

40 포도나무 한 그루가 아버지한테서 86

41 누구든지 손에 무엇을 가진 사람은 더 얻을 것이요 88

42 나그네가 되어라 89

43 우리에게 이런 말씀을 들려주시는 당신, 누구십니까? 90

44 누구든지 아버지를 거슬러 욕하는 자는 92

45 가시나무에서 포도를 거둘 수 없고 94

46 아담에서 세례자 요한까지 96

47 한 사람이 두 마리 말을 타거나 97

48 둘이 한 집에서 평화롭게 살면 100

49 혼자면서 뽑힌 사람들은 복이 있다 101

50 그들이 너희에게 말하기를 103

51 언제 죽은 자의 쉼이 자리를 잡겠습니까? 105

52 스물네 예언자들이 이스라엘에서 말했습니다 107

53 할례란 쓸모 있는 겁니까, 아닙니까? 109

54 가난한 사람에게 복이 있다 111

55 누구든지 아버지와 어머니를 미워하지 않으면 113

56 누구든지 세상을 알게 된 사람은 114

57 아버지 나라는 [좋은] 씨를 가진 사람과 같다 116

58 애써서 삶을 찾은 사람에게 복이 있다 118

59 너희는 살아있는 동안에 살아있는 이를 찾아라 119

60 저 사람… 양을 데리고 121

61 두 사람이 한 걸상에 등을 기대고 123

62 나는 [내] 신비들이 [쓸모 있는] 사람들에게 125

63 돈이 아주 많은 부자가 있었다 127

64 한 사람이 손님들을 맞고 있었다 128

65 한[…] 사람이 포도원을 가졌는데 130

66 건축사들이 버린 돌을 나에게 보여라 132

67 모든 것을 알지만 자기 안에서 모자란 사람들 134

68 너희가 미움 받고 핍박당할 때 너희에게 복이 있다 135

69 자기 마음속에서 핍박당한 사람들은 복이 있다 136

70 너희가 너희 안에 있는 것을 밖으로 내면 137

71 내가 [이] 집을 부술 것이다 139

72 아버지의 재물을 저에게도 나눠주라고 140

73 거둘 것은 많은데 일꾼이 적구나 141

74 주인님, 마시려는 사람들은 많은데 143

75 문간에 서 있는 사람들은 많다 144

76 아버지 나라는 잡화가 많은 상인이 145

77 나는 모든 것들 위에 있는 빛이다 146

78 너희가 들판으로 나가는 까닭이 무엇이냐? 148

79 당신을 밴 태와 당신을 먹인 젖은 복도 많습니다 150

80 누구든지 세상을 알게 된 사람은 몸을 발견한 사람이다 152

81 부유해진 사람으로 하여금 다스리게 하라 154

82 누구든지 나에게 가까운 사람은 불에 가까운 사람이고 155

83 형상들은 사람 눈에 보인다 156

84 너희가 너희와 비슷한 것을 볼 때 157

85 아담은 큰 힘과 큰 넉넉함에서 왔다 158

86   [여우들도] 제 굴이 있고 새들도 제 둥지가 있지만   159

87   몸에 의존하는 몸은 참으로 불쌍하다   161

88   전달자들과 예언자들이 너희에게 와서   163

89   너희는 어찌하여 그릇의 거죽을 닦느냐?   164

90   내게로 와라   165

91   당신이 누구신지 우리에게 말씀해주시어   166

92   찾아라, 너희가 보게 될 것이다   167

93   거룩한 것을 개들에게 주지 말라   168

94   찾는 사람이 보게 될 것이고   169

95   너희에게 돈이 있으면   170

96   아버지 나라는 [한] 여인과 같다   171

97   아버지 나라는 곡식이 가득한 [항아리를] 옮기는   172

98   아버지 나라는 힘센 사람을 죽이려는 사람과 같다   173

99   당신 어머니와 형제들이 밖에 서 계십니다   174

100 로마 황제의 사람들이 우리에게 세금을 내라고 합니다   175

101 누구든지 [아버지와] 어머니를 나처럼 미워하지 않는 사람은   176

102 저주받을 바리사이들!   177

103 반역자들이 어디로 공격해올지 아는 사람들에게 복이 있다   178

104 오십시오, 우리와 함께 기도하고 같이 금식하십시다   179

105 누구든지 아버지와 어머니를 아는 사람은   180

106 너희가 둘을 하나로 만들 때   181

107 그 나라는 양 백 마리가 있는데   182

108 누구든지 내 입에서 나오는 것을 마시는 사람은   183

109   [아버지] 나라는 자기 밭에 보물이 감추어져 있는데   184

110   세상을 발견한 사람, 그래서 부유해진 사람   186

111   하늘과 땅이 너희 앞에서 말려 올라갈 것이다   187

112   영혼을 의존하는 육체에 앙화가 미친다   189

113   그 나라가 언제 올까요?   190

114   마리아로 하여금 우리를 떠나게 하자   191

이것들은 살아계신 예수께서 말씀하시고

디디모스 유다 토마가 기록한 비밀 말씀들이다

1

그리고 그분이 이르셨다.

"누구든 이 말씀들의 풀이를 발견하는 사람은 죽음을 맛보지 아니하리라."

생명의 말씀이다. 처음에 말한 사람과 그것을 듣고 기록한 사람 그리고 그것을 지금 읽고 있는 사람, 모두가 한 생명이다. 생명은 속에 감추어져 있다. 그래서 비밀이다, 저마다 제 속으로 들어가지 않으면 알 수 없는, 알았으면 알았기에 말할 수 없는!

말의 뜻을 이해하는 길은 머리에서 비롯하여 몸으로 이어진다. 귀로 듣고 눈으로 보고 몸으로 살기가 앎으로 통하는 유일한 길인 까닭이 여기에 있다.

눈이 보는 게 아니라 눈으로 보는 거다. 몸이 아는 게 아니라 몸으로 아는 거다.

누가 무엇을 보았다는 말은, 그가 보기 전부터 거기 있던 무엇이 그의 눈에 보였다는 말이다. 말씀의 풀이를 발견한다는 말은 말씀의 내용을 몸으로 실현한다는 말이다.

내가 무엇을 보았다고 말하지 말라. 네가 무엇을 본 게 아니라 그것이 네 눈에 보인 거다. 하지만 네가 보려는 마음 없이 눈을 감으면 밝은 태양인들 무슨 소용이랴?

눈을 떠라. 하지만 두리번거리지는 말라. 지금 네 눈에 들어오는 그게 그거다. 그것을 눈으로 보고 삶으로 살면 그것과 하나로 된 것이다.

생명을 보고 생명에 먹혀 생명으로 된 사람이 어떻게 죽음을 맛볼 수 있겠는가?

2

예수께서 이르셨다.

"찾고자 하는 자들은 발견할 때까지 찾기를 멈추지 말아야 한다. 그들이 발견할 때 그들은 어리둥절해질 것이다. 그들이 어리둥절해질 때 그들은 놀랄 것이고 그리고 모든 것을 다스릴 것이다. [그리고 그들이 다스린 뒤에 그들은 쉴 것이다.]"

무엇을 보려는 사람은 그것이 보일 때까지 보기를 멈추지 말아야 한다. 중간에 멈추면, 얼마든지 그래도 되지만, 그러면 그가 보려는 것이 눈에 들어올 수 없다.

무엇을 찾으려면 자기가 찾는 게 어떤 것인지 알아야 한다. 생판 모르는 무엇을 어떻게 찾으랴? 그러므로 무엇을 보는 것은 자기가 알고 있는 무엇을 보는 것이다. 보되 자기가 알고 있는 대로의 무엇이 아니라 전혀 다른 무엇을 보는 것이다. 그래서 어리둥절해진다. 바로 그 어리둥절함 속에서 "아하!" 감탄이 터져 나온다. "이게 바로 그것이란 말인가?"

깨달음은 놀람의 다른 이름이다.

하늘 위 하늘 아래 저 홀로 존귀함을 깨쳤거늘 누가 무엇을 상대
하여 다스릴 것인가? 저를 다스리는 것이 곧 천하를 다스리는 것
이다. [그러면 그가 쉴 것이다. 천지만물을 지으신 하느님이 안식에 들 듯이.]

3

예수께서 이르셨다.

"네 지도자들이 너희에게 이르기를, '보아라, [아버지의] 나라가 하늘에 있다'고 한다면 하늘의 새들이 너희보다 앞에 있을 것이다. 만일 그들이 너희에게 이르기를, '그것이 바다에 있다'고 한다면 물고기가 너희보다 앞에 있을 것이다. 아니다. 그 나라는 너희 안에 있고 그리고 그것은 너희 바깥에 있다. 너희가 너희 자신을 알 때 너희가 알아질 것이고, 너희가 살아계시는 아버지의 자녀임을 스스로 이해하게 될 것이다. 하지만 너희가 너희 자신을 알지 못하면, 그러면 너희는 가난하게 살고 그리고 너희가 바로 그 가난이다."

하늘 아버지에게 시공간이 없거늘 그분의 나라가 어찌 시공간에 갇힐 것인가?

하느님 나라뿐만 아니다. 뭐가 어디에 있다면, 영원무궁의 다른 이름인 '지금' 그리고 무한공간의 다른 이름인 '여기'에 있는 거다.

그런즉, 다른 모든 것들과 함께, 하늘 아버지의 나라는 언제 어디에 따로 있는 그런 나라가 아니다.

사람이 무엇을 알 수 있고 알아야 한다면 그건 저 자신이다. 두드리지 않은 문이 열릴 수 없듯, 묻지 않는 닫힌 입에는 답을 듣는 열린 귀가 없다. 사람이 무엇을 할 수 있고 해야 한다면 자기를 알고자 하는 간절한 소원을 품는 것, 그 이상도 이하도 아니다. 그래서 무엇을 알았다면 그건 제가 안 게 아니라 알아진 거다. 알고자 하는 마음 없이는 오지 않는 게 답이지만 알고자 하는 마음이 남아있으면 그것에 막혀 올 수 없는 것 또한 답이다.

자기를 알면 비로소 "네가 하느님의 자식"이라는 말이 무슨 뜻인지 알게 된다. "아하! 그게 이거로구나!" 이것이 이른바 '깨달음'의 모든 것이다.

하느님의 자식에게 무슨 모자람이 있으랴? 하지만 제가 하느님의 자식임을 모르면, 비록 세상에서 억만장자라는 말을 들어도, 가진 것 하나 없는 가난 그 자체인 거다.

4

예수께서 이르셨다.

"나이 많은 사람은 삶의 자리에 대하여 난 지 이레 된 아이한테 묻기를 망설이지 않을 것이다. 그러면 그 사람이 살 것이다. 첫째인 많은 사람이 말째가 되고, 그리고 혼자인 사람으로 될 테니까."

제대로 된 늙은이는 자기가 어디에서 어떻게 살아야 할 건지를 갓난아이한테서 배우는 데 망설이지 않는다. 갓난아이를 포함한 모든 것에서 배우는 법을 깨쳤기에.

자기가 어디에서, 왜, 무엇으로 살 건지를 제대로 아는, 그 사람이 살아있는 사람이다.

갓 태어난 사람은 언제나 첫째다, 그를 있게 한 수많은 사람들을 등지고 있으니까. 하지만, 흐르는 세월과 함께, 말째로 되는 것이 그의 운명이다. 그를 등지고 계속해서 수많은 첫째들이 태어나니까.

자기 운명을 거스르지 않고 순히 받아들이게 된, 그 사람이 제대로 된 늙은이다. 마침내 그는 혼자인 사람이다. 수많은 사람들 가운데 하나가 아니라 천상천하에 하나뿐인, 다른 모든 사람을 제 몸으로 살아가는, 바로 그 사람이다.

닥치는 대로 배워라, 배움이 곧 삶이다. 그러나 함부로 아무렇게나 배우지는 말라. 잘 배우는 법부터 배우면서, 제대로 살아간 선배들을 본받으면서, 착실하게 배워라.

5

예수께서 이르셨다.

"네 앞에 있는 것이 무엇인지를 알아라. 그러면 너한테 감추어진 것이 너에게 드러나리라. 드러나지 않을, 감추어진 것이 없기 때문이다. [돋아나지 않을, 묻힌 것이 없기 때문이다.]"

사람이 무엇을 안다는 것은 먼저 그것을 귀로 듣고, 귀로 듣던 것을 눈으로 보고, 마침내 보는 주主와 보이는 객客이 속으로 만나 하나 되는 것이다. 이것이 앎이다.

그리스도에 대한 말을 듣고, 만유에서 그리스도를 보다가 마침내 자기가 그리스도임을 아는, 그래서 그리스도가 따로 없는, 여기에 그리스도인의 외길이 있다.

감추어진 것으로서 드러나지 않을 것은 없다. 감추어졌으니까 드러나는 거다. 감추어지지 않은 것이 어떻게 드러날 수 있겠는가?

알지 못해서 비밀이지만, 거기 비밀이 있다는 걸 알고 있어서 비밀이다. 비밀이 있음을 모르는 자에게는, 감추어진 게 없으니 드러날 것 또한 없다. 무슨 말인가? 살긴 사는데 괜히 산다는 얘기다.

6

그분 제자들이 그분께 여쭈었다.

"우리가 금식하기를 바라십니까? 우리가 어떻게 기도해야 합니까? 우리가 자선을 베풀어야 하나요? 어떤 음식물을 우리가 먹어야 합니까?"

예수께서 이르셨다.

"거짓말하지 말라. 그리고 너희가 싫은 일은 하지 말라. 모든 일이 하늘 앞에서 드러나기 때문이다. 무엇보다도, 드러나지 않을 감추어진 것이 없고 벗겨지지 않을 덮여 있는 것이 없기 때문이다."

금식을 하든 말든, 기도를 하든 말든, 자선을 베풀든 말든, 어떤 음식을 먹든 말든, 모름지기 솔직하라. 사람들은 서로 속고 속이지만 하늘은 속지도 속이지도 않는다.

한마디 더, 네가 하는 온갖 일이 하늘 앞에서 하는 것임을 유념하라.

7

예수께서 이르셨다.

"사람을 먹을 사자는 운이 좋다. 그렇게 해서 사자가 사람으로 된다. 그리고 사자가 먹을 사람은 더럽다. 그 사자가 마찬가지 사람으로 될 것이다."

누가 누구를 먹는 것은 둘이 하나로 되는 틀림없는 길이다. 사자가 사람을 먹든 사람이 사자를 먹든, 운이 좋든 더럽든, 사람과 사자가 하나 되려면 먹고 먹히는 사건을 반드시 겪어야 한다.

누가 누구를 먹느냐 안 먹느냐를 결정하는 것은 먹히는 쪽이 아니라 먹는 쪽이다. 그래서 예수님이 제자들에게 말씀하신 거다. "나를 먹어라."

둘인 '우리'를 본디 하나인 '나'로 너와 내가 함께 만들자는 초대의 말씀이다.

8

그리고 그분이 이르셨다.

"그 사람은 바다에 그물을 던져 작은 고기로 가득 찬 그물을 끌어올리는 슬기로운 어부와 같다. 그들 가운데서 슬기로운 어부는 크고 좋은 고기 한 마리를 보았다. 그가 작은 물고기를 모두 바다에 던져버리고 쉽게 큰 고기를 골랐다. 누구든지 여기 좋은 두 귀를 가진 사람은 더 잘 들었다!"

그물을 바다에 던지는 건 어부의 몫이지만 그물에 무엇이 걸리는지를 결정하는 건 그의 몫이 아니다. 그물에 많은 고기가 걸렸지만 어부는 그것들 가운데 한 마리만 취한다. 한 마리로 충분하기 때문이다. 충분하니까 다른 것들은 모두 바다로 돌려보낸다. 그래서 그냥 어부가 아니라 슬기로운 어부다.

너에게는 무엇이냐? 그것 하나 있으면 다른 것들은 없어도 되는, 오히려 있어서 짐이 되는, 그래서 그것들을 저절로 버리게 되는, 그 '하나'가 너에게는 무엇이냐? 부디 그것을 만나기 바란다, 밭에서 값진 진주를 발견하고 모든 소유를 기꺼이 팔아 그 밭을 산 사람처럼! 그리스도 한 분 만나 그동안 자랑으로 여기던 모든 것을 오물처럼 버린 바울로처럼!

작은 것들을 업신여기지 말 것. 그것들을 쓰레기통에 버리지 말고 본디 자리로 옹글게 돌려보낼 것. 작은 것들이 있어서 그래서 크고 좋은 하나를 취할 수 있었으니.

9

예수께서 이르셨다.

"보아라, 씨 뿌리는 사람이 밖으로 나가 [씨를] 한 줌 잡고 [그 것들을] 뿌렸다. 어떤 씨들은 길바닥에 떨어져 새들이 와서 그것들을 긁어모았다. 다른 씨들은 바위 위에 떨어져 흙에 뿌리를 내리지 못하고 낟알의 머리들을 생산하지 못했다. 다른 씨들은 가시나무에 떨어져 가시나무들이 씨들을 질식 시키고 벌레들이 그것들을 먹었다. 그리고 다른 씨들은 좋은 흙에 떨어졌고 그것이 좋은 작물을 생산하여 육십 배와 백이십 배의 소출을 낳았다."

농사 얘기가 아니다. 무슨 일을 하려면 이렇게 하라는 거다. 씨 뿌리는 사람이 씨를 뿌리는 건 물론 소출을 바라고 그러는 것이지만 소출 자체를 목적으로 삼을 건 아니라는 얘기다. 선한 일을 하는 사람이 그 일을 하는 까닭은 결과를 보기 위해서가 아니라 그것이 자기에게 주어진 일이요, 그 일을 하는 것 자체가 기쁨이고 보람이기 때문이다.

일하면 먹는다는 얘기다. 먹으려면 일하라는 게 아니다.

좋은 작물을 생산하여 육십 배와 백이십 배의 소출을 낳는 것은 씨가 아니다, 좋은 흙이다. 한 송이 꽃을 피우는 것은 꽃이 아니다, 땅이다. 땅만도 아니다, 하늘이다. 하늘만도 아니다, 천지만물이다. 바울로가 옳았다. 하느님을 믿는 사람에게는 천지만물이 협력하여 하나인 선善을 이룬다. 천지만물 모든 것이 본디 하나인 선善이다.

10

예수께서 이르셨다.

"내가 세상에 불을 던졌다. 보아라, 그것이 타오를 때까지 내가 그것을 지키고 있다."

불은 무엇을 태우고 그렇게 해서 그것을 깨끗하게 한다. 불이 세상에 던져졌으니, 남은 일은 세상에서 사라져야 할 것들이 사라지고 깨끗해져야 할 것들이 깨끗해지는 거다.

불이 중간에 꺼지지만 않으면 당연한 결과다.

세상에 불이 던져진 것은 세상이 불 속에 던져진 거다. 그 불의 주인인 예수께서 지켜보고 계시니 중간에 불이 꺼질 염려가 없다. 참고 견뎌라, 지금 네가 깨끗해지는 중이다.

11

예수께서 이르셨다.

"이 하늘은 지나갈 것이다. 그 위에 있는 자도 지나갈 것이다. 죽은 자는 살아있지 않고 살아있는 자는 죽지 않을 것이다. 네가 죽은 것을 먹은 날들에 너는 그것들을 살려냈다. 네가 빛 속에 있을 때, 너는 무엇을 하겠느냐? 네가 하나였던 그날, 너는 둘로 되었다. 그런데 네가 둘로 될 때, 너는 무엇을 하겠느냐?"

제자리라는 게 따로 있지도 않지만, 한 자리에 붙잡혀 있는 어떤 것도 없다. 모든 것이 흐른다. 끊임없이, 그리고 끝도 없이.

산 생명이 죽은 생명을 먹는다. 그래서 산다. 죽지 않고서는 살 수 없는, 그게 생명이기 때문이다. 죽은 생명이 산 생명에 먹힌다. 그래서 또한 산다.

살아있는 것이 죽은 저를 먹고, 죽은 것이 살아있는 저에게 먹혀 둘이 함께 산다. 이를 다른 말로 바꾸면 사랑이 사랑으로 사랑을 이루는 거다.

사랑은 받아서 사랑이지만 먼저 주어야 한다. 죽으려고 사는 게 아니라 살려고 죽는 거다. 사랑은 제가 살아서 남에게 주는 무엇이 아니다. 저를 죽여서 저를 살리는 것이다.

하나이기에 둘로 되었다. 둘은 둘로 될 수 없다. 하나가 둘로 되었으니, 남은 길은 다시 하나로 되는 것 말고 없다.

빛에서 나와 빛 속에 있으니, 남은 외길은 빛으로 되는 것이다.

12

제자들이 예수께 말씀드렸다.

"당신이 우리를 떠나실 줄 우리가 알고 있습니다. 누가 우리의 지도자가 될 것입니까?"

예수께서 그들에게 이르셨다.

"너희가 어디에 있든지 의로운 사람 야고보에게로 너희는 갈 것이다. 그를 위해서 하늘과 땅이 있게 되었기 때문이다."

예수께서 야고보를 당신 후계자로 지목하셨다는 내용이다. 하지만 야고보가 과연 스승의 뒤를 이어 지도자 자리에 앉을 것인지, 그건 아무도 미리 말할 수 없는 일이다. 사람의 말이라는 게 본디 그렇다. 누구나 미래를 말할 수 있지만 그것이 정말 그리 된다고는 아무도 단언할 수 없다.

참 지도자는 누가 지명하여 세우는 게 아니라 본인의 뜻에 거슬러 세워지는 것이다. 스스로 나서서 지도자 되겠다고 말하는 사람은 제가 지금 무슨 짓을 하고 있는 건지 모를 만큼 무식하고 미련한 사람이다.

13

예수께서 당신 제자들에게 이르셨다.
"나를 어떤 것에 견주어보고, 내가 무엇 같은지를 말해보
아라."

시몬 베드로가 그분께 말했다.
"당신은 올바른 전달자 같습니다."

마태오가 그분께 말했다.
"당신은 지혜로운 철학자 같습니다."

토마가 그분께 말했다.
"선생님, 저의 입은 당신이 무엇과 같은지 결코 말씀드릴 수
없습니다."

예수께서 이르셨다.
"나는 네 선생이 아니다. 내가 보살펴온 부글거리는 샘물을
네가 마셨고 그것에 취하였기 때문이다."

그리고 그분은 그를 데리고 물러나 세 마디 말씀을 들려주셨다. 토마가 동료들에게 돌아왔을 때 그들이 그에게 물었다.
"예수께서 자네에게 뭐라고 말씀하셨나?"

토마가 그들에게 말했다.
"만일 내가 그분이 나에게 해주신 말씀들 가운데 하나를 말하면, 자네들은 돌을 들어 나를 칠 것이고 그 돌에서 불이 나와 자네들을 삼킬 걸세."

진실에 대하여 인간이 할 수 있는 것은 셋 가운데 하나다. 하나, 진실이 있다는 사실을 모른다. 둘, 진실이 있다는 건 알지만 그게 무엇인지를 모른다. 셋, 진실을 귀로 듣고 눈으로 보고 몸으로 알아서 그것과 하나 된다. '하나'는 진실에 대하여 할 말이 없다. '둘'은 진실에 대하여 말이 많지만 모두가 헛말이다. '셋'은 진실에 대하여 말하지 않는다. '하나'는 몰라서 할 말이 없고 '셋'은 알아서 말할 수 없다. 둘 다 벙어리지만 격이 다르다.

이 땅에 사는 사람들 거의 전부가 '둘'에 속하여 진실을 두고 이러 쿵저러쿵 말이 많지만 그 가운데 어느 것도 옹근 진실은 아니다.

예수께서 토마에게 나는 네 선생이 아니라고 하신 까닭은 토마가 "내 입은 당신이 어떤 존재인지를 말할 수 없다"고, 그러니까 "나는 당신의 정체를 안다"고 말했기 때문이다. 둘이 하나로 되면 둘 사이를 잇는 어떤 연결고리도 있을 수 없는 거다.

진실을 알고 그것을 말하면 진실을 모르거나 잘못 아는 자들 손에 죽임을 당한다. "너희도 나와 한가지로 하느님 우리 아버지의 자식들이다." 이 진실을 말한 예수가 그것을 모르거나 잘못 알고 있는 하느님의 자식들 손에 죽임을 당한 것이 '십자가'였다.

예수께서는 진실을 말하여 죽임을 당하였고 그 형틀(십자가)에서 나온 불이 세상을 삼켰다. 토마는 아직 거기까지 가지 않았다. 몸으로 할 일이 남아있어서?

14

예수께서 그들에게 이르셨다.

"너희가 금식하면 너희는 스스로 죄를 불러올 것이다. 너희가 기도하면 저주받을 것이다. 너희가 자선을 베풀면 너희 영을 스스로 해칠 것이다. 너희가 어느 지역에 들어가서 마을길을 걸을 때 사람들이 너희를 받아들이면 그들이 내어주는 음식을 먹고 그들 가운데 병든 사람들을 고쳐주어라. 어쨌든지, 너희 입으로 들어가는 것들은 너희를 더럽히지 않는다. 오히려 너희를 더럽히는 것은 너희 입에서 나오는 것들이다."

금식하는 것이 '너'인 줄 알면 그 앎이 너를 죄 짓게 할 것이다. 기도하는 것이 '너'인 줄 알면 그 앎으로 네가 저주받을 것이다. 자선을 베푸는 것이 '너'인 줄 알면 그 앎이 네 영을 해칠 것이다.

사람이 자기를 비우고 그 자리에 참 주인을 모시기까지는, 그가 하는 온갖 일들이 자기 자신을 해치는 것이다. 그 일을 하는 것이 자기인 줄로 아는 착각에 갇혀 있기 때문이다.

달라는 자에게 아낌없이 주되 달라고 하지 않는 자에게는 주지 말라. 병든 사람들도 본인이나 친구가 고쳐달라고 하거든 고쳐주어라. 아무에게도 억지를 부리지 말라는 얘기다.

사람 입으로 들어가는 것들은 모두 깨끗한 것들이다. 그것들은 사람을 더럽힐 수 없다. 사람을 더럽히는 것은 입에서 나오는 것들이다. 소화되지 않아서 토해낸 음식물, 사람 속에 숨어있는 탐욕과 분노와 어리석음의 거칠고 역겨운 것들….

예수께서 이르셨다.

"여자한테서 태어나지 않은 사람을 보거든 너희는 얼굴을 떨어뜨리고 그를 예배하여라. 그가 너희 아버지시다."

여기 물그릇이 있다. 네가 그것이 무엇이냐 물으면 답은 둘 있겠다. 하나, "나는 물을 담은 그릇이다." 둘, "나는 그릇에 담긴 물이다." 이를 다른 말로 바꾸면, 앞의 것은 "나는 하느님의 영을 모신 사람이다"로 되고 뒤의 것은 "나는 사람 몸에 거하는 하느님의 영이다"로 될 것이다.

자기가 하느님의 영을 모신 사람이 아니라 사람 몸에 거하는 하느님의 영이라고 말하는, 그 사람이 "여자한테서 태어나지 않은" 사람이다.

예수께서 말씀하셨다.

"아버지께서 내 안에 계셔서 당신 일을 몸소 하신다."

아아, 그렇지 않은 사람이 세상천지 어디에 있는가? 없다. 다만, 자기가 그런 사람인 줄을 모르는 사람들이 온 세상을 가득 채우고 있는 거다.

16

예수께서 이르셨다.

"사람들은 내가 세상에 평화를 던지러 왔다고 생각할 것이다. 그들은 내가 이 땅에 갈등, 불, 칼, 전쟁을 던지러 온 줄 모른다. 집 안에 다섯 사람이 있으면 셋이 둘에 반대하고 둘이 셋에 반대하고 아버지가 아들에 반대하고 아들이 아버지에 반대하여 그들이 혼자 있게 되리라."

전쟁과 평화는 동전의 양면이다. 이쪽이 없으면 저쪽도 없다. 하지만, 전쟁이 먼저고 평화가 나중이다.

"평화에서 전쟁으로"는 끔찍한 저주, "전쟁에서 평화로"는 고마운 축복.

"독거獨居는 인간으로 존재하려면 반드시 통과해야 하는 차원이다."(스티븐 배철러)

혼자일 때, 만유와 더불어 혼자 있을 때, 그때 비로소 사람은 진정 평화로울 수 있다.

사람이 사람으로 살아가는 유일한 목적이 있다면 자기가 천상천하에 홀로 존귀하다는 진실에 눈을 뜨는 것이다.

17

예수께서 이르셨다.

"내가 너희에게 눈이 보지 못한 것, 귀가 듣지 못한 것, 손이 잡지 못한 것, 인간의 마음에서 일어나지 않은 것을 주리라."

눈에 보이는 것은 그것이 무엇이든, 저를 있게 한, 보이지 않는 무엇을 보여주고 있다. 나무 그림자가 나무를 통해서 보이지 않는 빛을 보여주고, 아기에게 젖 먹이는 어미가 젖꼭지를 통해서 생명과 사랑을 보여주듯이.

하지만 빛과 생명과 사랑을 보는 것은 육신의 눈이 아니다. 마음의 눈이다. 예수께서 우리에게 주시려는 것은 열린 마음의 눈이다.

저쪽에서 주고 싶어도 이쪽이 받지 않으면 줄 수 없는 게 사랑이고 생명이고 빛이다. 그건 그렇다. 하지만 반대로 저를 거절하는 자를 조건 없이 안아주고 받아주는 게 또한 사랑이고 생명이고 빛이다. 사람의 어떤 범죄도 하느님의 용서를 능가할 수 없다.

예수께서 주겠다고 하신다. 받으라고는 하지 않으신다. 주는 건 당신 몫의 일이지만 받는 건 우리 몫의 일이란 말씀이다.

눈에 보이고, 귀에 들리고, 손에 잡히고, 마음에 생각나고, 몸에 느껴지는 것들을 무시해서는 안 된다. 그것들이 없으면 눈에 보이지 않고 귀에 들리지 않고 손에 잡히지 않고 마음의 생각과 몸의 느낌으로 닿을 수 없는 경지에 들 수 없기 때문이다.

눈에 보이고 귀에 들리고 손에 잡히는 것들을, 그것들에 가로막히지 말고, 보이지 않고 들리지 않고 잡히지 않는 경지에 들어가는 문으로 삼아라.

18

제자들이 예수께 여쭈었다.
"말씀해주십시오, 우리의 끝이 어떻게 오겠습니까?"

예수께서 이르셨다.
"너희가 시작을 보았고 그래서 너희가 끝을 보겠다는 거냐? 너희는 알아라, 시작이 있는 곳에 끝이 있을 것이다. 시작에 서있는 사람은 복이 있다. 그는 끝을 알기에 죽음을 맛보지 않을 것이다."

세상에 날이라는 게 있다면 오늘이 있을 뿐이다. 어제는 어제의 오늘이고 내일은 내일의 오늘이다. 그러므로 오늘은 어제의 끝이면서 내일의 시작이다.

어제는 이미 없고 내일은 아직 없다. 있는 것은 어제의 끝이며 내일의 시작인 오늘, 끝이면서 시작인 오늘이 있을 뿐.

"당신한테 무슨 일이 일어나더라도 한 가지 분명한 사실은 그것이 언제나 오늘 일어난다는 것이다."(에크하르트 톨레)

사람들이 어제 오늘 내일을 말하지만 모두 실체가 없는 것들이다. 어제는 더 이상 보이지도 잡히지도 않는 날이고, 내일은 아직 보이지도 잡히지도 않는 날이고, 오늘은 사람이 살 수 있는 유일한 날이지만 역시나 보이지도 잡히지도 않는 날이다. 물리학에서 말하는 쿼크처럼 있으면서 없고 없으면서 있는, 그날이 오늘이다.

오늘은 동떨어진 외톨이 날이 아니다. 무수한 어제와 무수한 내일에 이어져 있다. 무수無數를 다른 말로 바꾸면 영원永遠이다. 앞뒤로 영원에 이어진 영원한 날, 그날이 오늘이다.

시작에 선다는 말은 끝에 선다는 말이고, 시작이면서 끝인 오늘에 선다는 말이다. 오늘에 선 사람이 죽음을 맛보지 않는 이유는 오늘에 죽음이 없어서다. 세상없는 미식가라도 없는 요리를 어떻게 맛볼 것인가?

예수께서 함께 처형당한 강도 하나에게 이르셨다. "오늘 네가 나와 함께 낙원에 있을 것이다." 내일 또는 사흘 뒤에 당신과 함께 낙원에 있으리라고 하지 않으셨다. 세상에 날이라는 게 있다면 오늘이 있을 뿐이다.

저마다 영락없이 오늘을 살면서 그 오늘을 사는 사람이 참으로 드물구나!

19

예수께서 이르셨다.

"존재하기 전에 존재한 사람은 복이 있다. 너희가 내 제자들이 되어 내 말에 몸과 마음을 기울이면 이 돌들이 너희를 섬길 것이다. 낙원에 너희를 위한 나무 다섯 그루가 있는데 그것들이 여름에도 겨울에도 변하지 않고 그 잎들이 떨어지지도 않기 때문이다. 누구든지 그것들을 아는 사람은 죽음을 맛보지 않을 것이다."

부모 태어나기 전의 본디 얼굴[父母未生前本來面目]을 보라는 말은 그럴 수 있으니까 그러라는 말이다. 그 얼굴이 있어서 지금 거울에 비치는 네 얼굴이 있는 거다.

당신이 아브라함보다 "먼저 있었다" 하지 않고 "먼저 있다" 하신 그분의 말씀을 온몸으로 이해하고 받아들인 사람은 복 있는 사람이다.

방법은 하나. 그분을 스승으로 모시고 밤낮없이 그분만 보고 그분만 좇아서 생각과 말과 행동으로 마침내 그분과 하나 되는, 그것 말고 다른 길이 없다.

낙원에 있다는 다섯 그루 나무에 대하여 그것들을 알려고 머리 굴릴 것 없다. 알 때가 되면 저절로 알게 될 터인즉.

오직 스승 한 분을 모시고 그분의 참 제자 되기에 힘쓰면 천하가 너를 도울 것이다. 저 들판의 돌들까지 동원시켜서.

20

제자들이 예수께 말씀드렸다.
"하늘나라가 무엇과 같은지 우리에게 말씀해주십시오."

그분이 그들에게 이르셨다.
"그것은 씨들 가운데 가장 작은 씨, 겨자씨와 같다. 하지만 그것이 준비된 땅에 떨어지면 큰 나무를 만들고 공중의 새들을 위한 둥지가 된다."

겨자씨를 형용하는 말이 여럿 있겠으나 여기서는 "씨들 가운데 가장 작은 씨"다. 사람 눈에 잘 띄지 않는다. 처음부터 요란하게 팡파르 울리며 문을 여는 건 하늘나라가 아니다.

겨자나무는 겨자나무라서 겨자나무로 산다. 제 경계를 짓거나 그것을 지키지 않는다. 새들이 저를 둥지로 삼아도 그냥 둔다. 물론, 일삼아 새들에게 집을 지어주지도 않는다.

도무지 인위人爲라는 게 없다. 옹근 자연, 옹근 자유다. 그러면서 저 자신을 잃지 않는다. 오히려 저 자신으로 충일하다. 사람이 이렇게만 산다면 그 사람이 하늘나라다.

그러나 잊지 말 것. 겨자나무를 겨자나무로 살게 하는 것은 겨자나무가 아니다. 준비된 땅이다. 땅과 하늘이다. 땅과 하늘과 바람과 물과 세월과… 세상에 존재하는 모든 것이다.

21

마리아가 예수께 여쭈었다.

"당신 제자들은 어떤 사람들과 같은가요?"

그분이 이르셨다.

"그들은 저희 것 아닌 마당에서 살고 있는 아이들과 같다. 마당 임자들이 오면 그들이 말할 것이다. '우리의 마당을 돌려다오.' 그들은 그것을 그들에게 돌려주기 위하여 그들이 보는 앞에서 옷을 벗고 그리고 그들의 마당을 그들에게 돌려준다. 그러기에 내가 말한다. 도둑이 오는 것을 집주인들이 안다면 그들은 도둑이 오기 전에 문지기가 되어 도둑이 그들의 집으로 [그들의 영토로] 들어와서 그들의 재물을 훔치지 못하게 할 것이다. 그런즉 너희 스스로 세상에 대하여 문지기가 되어라. 도둑들이 너희에게로 오는 길을 찾지 못하도록 큰 힘으로 너희를 무장하여라. 너희가 용납한 어려움이 [반드시] 그대로 실현될 것이기 때문이다. 너희 가운데 이해하는 사람이 있도록 하여라. 곡식이 익었을 때 그가 급히 낫을 들고 와서 그것들을 거두어들였다. 누구든지 여기 좋은 귀를 가진 사람은 더 잘 들었다!"

자기 소유 아닌 마당에서 사는 게 그들이다. 마당 임자는 따로 있다. 그가 와서 마당을 돌려달라고 하면 입은 옷까지 홀랑 벗고 속절없이 돌려주어야 한다. 공수래공수거空手來空手去! 그런데, 그게 예수님 제자들만의 운명인가? 아니다. 그러니 지금 무슨 말씀이신가? 당신 제자들이라고 해서 특별한 자격이나 출중한 실력이 있는 별난 사람들이 아니라는 말씀이다.

언제 올 건지 미리 알리고 오지 않는 게 도둑이다. 오는 건 확실한데 언제 올지 알 수 없는 것이 죽음이라는 도둑이다. 무슨 일이 뜻밖에 닥치더라도 준비가 되어 있으면 그 일로 해서 잃을 것이 없으리라는 얘기다.

그런데, 잃을 것이 아예 처음부터 나중까지 없다면? 그 정도로 가난하게 산다면? 그러면 언제 어떤 도둑이 닥쳐도 천하태평이겠지.

그게 설사 죽음이라 하여도.

너희 가운데 이해하는 사람이 있도록 하라는 말씀은 어떤 사람을, 그가 하는 말이 이해되지 않는다는 이유로, 억압하거나 제거하지 말라는 뜻이겠다.

익은 곡식을 밭에 그냥 두면 일 년 농사가 허사로 돌아갈 수 있다. 그럴 수 없는 사람이 농부다. 기다려라, 네가 익어서 거둘 때가 되기를 기다리는 낫이 저기 있다.

22

예수께서 젖 먹고 있는 아이들 몇을 보셨다.

예수께서 제자들에게 이르셨다.

"젖 먹고 있는 저 아이들이 그 나라에 들어가는 사람들과 같다."

그들이 그분께 여쭈었다.

"우리도 그러면 아이들처럼 그 나라에 들어갈까요?"

예수께서 그들에게 이르셨다.

"너희가 둘을 하나로 만들 때, 너희가 안을 밖처럼 그리고 밖을 안처럼, 그리고 위를 아래처럼 만들 때, 그리고 너희가 수와 암을 하나인 존재로 만들 때, 그리하여 수는 수가 아니게 되고 암은 암이 아니게 될 때, 너희가 눈을 대신하여 눈을 만들고, 손을 대신하여 손을 만들고, 발을 대신하여 발을 만들고, 모양을 대신하여 모양을 만들 때, 그때 너희가 [그 나라에] 들어가리라."

갓난아이는 제 힘으로 살지 않는다. 살 수 없다. 머리부터 발끝까지 어미의 은덕으로 산다. 갓난아이가 하는 일이 있다면 어미의 보살핌을 순히 받아들이는 거다. 그것도 실은 그러려고 해서 그러는 게 아니라 저절로 그리 되는 거다. 하지만 갓난아이는 제가 그러고 있는 줄을 모른다. 그래서 고마운 줄도 모르고 머리부터 발끝까지 온통 저밖에 없다.

산전수전 겪으며 인생의 단맛 쓴맛을 고루 맛보고, 훌륭한 스승을 만나 충분히 배워 자기가 하늘 아버지 땅 어머니의 은덕으로 산다는 진실을 깨친 늙은 젖먹이는, 천지사방 모든 것이 고맙기만 하고 언제 어디서나 기쁘기만 하다. 그런 젖먹이는 장차 그 나라에 들어갈 사람이 아니라 벌써 들어와 있는 사람이다. 아니, 그 존재 자체가 그 나라다.

"너희가 오롯이 기氣를 수련하여 능히 젖먹이로 될 수 있겠느냐?"(노자老子)

인생 순례를 제대로 마친 늙은 젖먹이는 이원二元으로 갈 데까지 갔다가 일원一元으로 회귀한 사람이다. 본연本然을 떠났다가 본연으로 돌아온 사람이다. 물과 성령으로, 육과 영으로 거듭난 사람이다. 나와 너, 나와 세상, 나와 하느님 사이에서 '와'가 지워진 사람이다. 그에게는 양극兩極이 태극太極이다. 알파이자 오메가다.

23

예수께서 이르셨다.

"내가 너희를 뽑겠다. 천에서 하나 그리고 만에서 둘을. 그리고 그들은 하나로 서게 될 것이다."

이천 년 전 유대 땅에서 예수님은 수많은 사람들 가운데 몇몇을 당신 제자로 부르셨다. 이는 지금도 여전히 지켜지는 그분의 방법이다. 당신의 길이 세상에서 많은 사람들이 좋아하는 넓은 길이 아니라 적은 사람들이 찾는 좁은 길이기 때문이다.

천에서 하나를 뽑는다는 말은 천에서 구백구십구를 버린다는 말이다. 그렇다고 해서 구백구십구를 업신여길 건 결코 아니다. 버려진 구백구십구가 없는데 뽑힌 하나가 어떻게 있을 것인가? 자기가 뽑혔다고 스스로 생각하여 남들을 가벼이 여긴다면 그 사람은 예수한테 뽑힌 사람일 리가 없다.

그분께 뽑힌 소수의 무리도 마침내 하나로 서게 될 것이다. 천상

천하에 홀로 존귀하신 예수, 그분께 저마다 흡수 통일될 터이니
그럴 수밖에.

24

그분의 제자들이 말씀드렸다.
"선생님 계신 곳을 보여주십시오. 우리가 그곳을 찾아야 할 테니까요."

그분이 그들에게 이르셨다.
"누구든지 여기 두 귀를 가진 사람은 더 잘 들었다! 빛의 사람 안에 빛이 있다. 그리고 그것이 온 세상에서 빛난다. 만일 그것이 빛나지 않으면, 그게 어둠이다."

"누구든지 두 귀를 가진 사람은 더 잘 들었다!" 이 말은 "누구든지 육의 눈과 영의 눈을 가진 사람은 더 잘 보았다"는 말이다. 그러니까 나 있는 곳을 육의 눈으로 찾겠다고 하는 너희는 아직, 영의 눈을 뜨지 못한 까닭에, 나를 보면서 보지 못한다는 말씀이다. 그래서 "자기가 보는 것을 보는 자에게 복이 있다"고 하신다.

육은 육의 눈에 보이고 영은 영의 눈에 보인다. 예수는 하늘을 모신 땅의 사람이지만 본체는 땅의 사람으로 사는 하늘 영이시다. 당신만 그런 게 아니라 우리 모두가 그렇다는 진실을 가르쳐주러 오신 분이 예수시다. 땅의 몸으로 사는 사람에게는 곳이 있어서 여기도 있고 저기도 있지만 하늘 몸으로 사는 사람에게는 곳이 없어서 온통 여기뿐이다.

어둠은 실체가 따로 있는 무엇이 아니다. 빛의 부재不在가 어둠이다. 빛이 스스로 빛을 비추지 않을 수는 없다. 사람이 저에게 눈을 감든지 무엇이 저를 가로막든지, 그러면 잠시 없는 척할 뿐이다. 어둠이란 것이 따로 어디에 있는 건 결코 아니다.

어둠이 빛을 이기지 못한다는 말은 어둠이 빛보다 힘이 약해서가 아니라 처음부터 없는 것이기 때문이다. 없는 것이 무엇을 상대로 싸워서 이기고 지고 그러겠는가?

25

예수께서 이르셨다.

"네 벗들을 네 영혼 같이 사랑하고, 네 눈동자 같이 지켜주
어라."

본디 네 벗들이 모두 너다, 너의 팔과 다리와 가슴이 모두 너인
것처럼. 한님이 지으신 세계에 동떨어진 별개란 없는 것이다. 모두
가 이어져 있어서 갈 데 없는 하나다.

그러기에 네가 벗들을 사랑하는 것이 네가 너를 사랑하는 어쩔
수 없는 방편이다. 네 벗들을 미워하는 것은 다른 누구 아닌 너를
미워하는 것이다.

이는 생각이나 말로 알 수 있는 무엇이 아니다. 삶의 경험으로만
깨칠 수 있는 진실이다.

26

예수께서 이르셨다.

"너희가 벗의 눈에 있는 티는 보면서 너희 눈에 있는 들보는
보지 않는구나. 너희 눈에 있는 들보를 뽑아낼 때, 그때 너희
는 벗의 눈에 있는 티를 뽑아줄 수 있을 만큼 충분히 잘 보
게 될 것이다."

같은 티라도 제 눈에 들어오면 들보요, 남의 눈에 들어가면 티
다. 이 사실을 몸으로는 잘 알면서 마음으로는 알려고도 하지 않
는다. 그래서 자기 눈에 있는 티를 "보지 못하는구나" 또는 티가
"안 보이는구나" 하시지 않고, 티를 "보지 않는구나" 하신다.

자기 눈에서 티를 뽑아내는 건 좋은데 그 일을 스스로 하려다가
오히려 눈을 다칠 수 있다. 유능한 안과의사에게 눈을 맡기는 것
이 최선이다.

자기 눈에서 티를 뽑아내는 목적은 남의 눈에 있는 티를 뽑아주

는 데 있지 않다. 그런 일을 할 수 있을 만큼 충분히 잘 보는 데 있다.

27

예수께서 이르셨다.

"너희가 이 세상으로부터 금식하지 않으면 그 나라를 발견하지 못할 것이다. 너희가 안식일을 안식일로 지키지 않으면 아버지를 보지 못할 것이다."

무엇을 발견했다는 건 그것을 보기 전에도 그것이 있었다는 말이다. 콜럼버스가 발견하기 전에도 아메리카 대륙은 거기 있었다. 하느님 나라는 태초부터 있었고 지금도 있고 앞으로도 있을 영원한 나라다. 바로 여기에! 다만 아직 그것을 발견 못한 사람들이 있을 뿐이다. 그 나라가 있는 줄을 모르는 사람에게 그 나라는 있으면서 없는 나라다.

아무리 보고 싶어도 눈이 가려져 있으면 볼 수 없다. 무엇이 우리 눈을 가려서, 지금 여기에 있는 그 나라를 볼 수 없게 하는가? 물질세계가 우리에게 주겠다고 약속하는 권력, 재물, 영예 같은 것들이다. 사실상 어디에도 없는 그것들, 솔로몬이 말하는 헛되고

또 헛되고 마냥 헛되기만 한 그것들을 바라보느라고 분주한 사람한테, 육신의 눈으로 볼 수 없는 그 나라가 보일 까닭이 없다.

세상 헛된 것들의 유혹에 눈감아라. 이것이 "세상으로부터의 금식"이다.

그런 다음, 모든 일을 마치고 안식하시는 하느님께로 돌아가라. 안식일을 안식일로 지키는 것은 온갖 물질세계 너머에서 안식하시는 하느님께로 돌아가 그 품에 안기는 것이다.

28

예수께서 이르셨다.

"나는 내 자리를 세상 복판에 두었고 육신으로 그들에게 나타났다. 나는 그들 모두가 취해 있는 것을 보았고, 그들 가운데 아무도 목말라하지 않는 것을 보았다. 인간의 자녀들로 말미암아 내 영혼이 아팠다. 그들이 마음으로 눈이 멀어, 자기들이 빈손으로 세상에 왔다가 또한 빈손으로 세상에서 떠나려 할 것임을 보지 못하기 때문이다. 그동안 그들은 술을 마신다. 그들이 술을 떨쳐버릴 때 그들은 자신의 길들을 바꿀 것이다."

예수님 자리는 세상 한복판이다. "세상 등지고 십자가 보네." 오해하기 쉬운 노랫말이다. 세상 등지면 십자가가 안 보인다. 세상에 박힌 것이 십자가이기 때문이다. 하지만 세상에 눈이 가려도 보이지 않는 게 십자가다. 예수와 그분의 십자가는 세상을 관통해서 보아야 비로소 보이는 신비다.

취하는 맛에 마시는 것이 술이다. 하지만 무엇에 취함은 언제나 잠시뿐이다. 술 취한 사람의 운명은 깨어나는 것이고 깨어나면 허망한 것이다. 잠시 취했다가 허망하게 깨어날 술은 마시면서 영원한 황홀경에 목마른 사람이 보이지 않아 영혼이 아팠던 예수!

하지만 언제고 술을 떨쳐버릴 날이 온다. 반드시 온다. 하느님이 당신 자녀들을 포기하시지 않을 테니까, 그러면 하느님이 아니니까. 술을 떨쳐버릴 때, 그때 그들은 여태 걸어온 길에서 발길을 돌린다. 억지로 돌리는 게 아니라 기꺼이 돌린다. 감동과 감사의 회개!

그런 사람들에게 공수래공수거는 허탈이 아니라 축복이다.

29

예수께서 이르셨다.

"육이 영 때문에 있게 되었다면 그것은 놀라운 일이다. 하지만 영이 육 때문에 있게 되었다면 그것은 놀라운 가운데 놀라운 일이다. 하지만 나는 이 큰 부요富饒가 어떻게 이 가난속에 머물게 되었는지, 그것이 놀랍다."

천지만물이 하느님으로 말미암아 있게 된 것은 놀라운 일이다. 하지만 하느님이 천지만물로 말미암아 있게 된 것은 훨씬 더 놀라운 일이다.

놀라워라. 아이가 갓 태어나는 날, 그 아이로 말미암아 갓 태어나는 어미여!

무엇이 있다는 것은 그것이 거기 있음을 알아보는 눈으로 말미암아 가능한 일이다.

아무것도 지닐 수 없는, 천성적으로 가난한 인간의 몸에 모르는 것 없고 못할 일 없고 없는 것 없는 하느님의 영이 머무르신다는 사실이야말로 경탄할 일이다. 그런데 그것에 놀라는 건 관두고 그 것을 알아보는 사람조차 이다지도 드물다니!

30

예수께서 이르셨다.

"신위神位가 셋 있는 곳의 그것들은 신성하다. 둘 또는 하나
가 있는 곳에서, 나는 그 하나와 함께 있다."

삼위三位가 저마다 있으면서 일체一體를 이룬다. 셋이 저마다 제
본성을 잃거나 바꾸지 않고서 동시에 하나로 존재한다.

양극兩極과 태극太極이 하나지만, 양극에서 태극으로가 아니라
태극에서 양극으로다. 둘이 하나고 하나가 둘이지만 하나에서 둘
이다. 둘에서 하나가 아니다. 씨가 본本이고 열매는 말末이다. 씨
와 열매가 하나지만 씨에서 열매다. 거꾸로는 아니다.

31

예수께서 이르셨다.

"어느 예언자도 고향 마을에서는 환영받지 못한다. 의원들은 자기를 아는 사람들을 고치지 못한다."

자기가 무엇을 알고 있다는 생각이 그것을 알지 못하게 한다. 본 질상 틀리지 않을 수 없는 인간의 견해가 진실에 대한 깨달음으로 가는 길의 으뜸 걸림돌이다.

"나는 아무것도 모른다." 여기에서 출발하는 것이 온전한 깨달음 의 길이다.

지식을 쌓는 것은 보태기로, 깨달음을 얻는 것은 덜어내기로[爲學 日益爲道日損].

32

예수께서 이르셨다.

"높은 언덕 위에 세워져 요새화된 도성은 무너지지 않거니
와 숨길 수도 없다."

기초가 든든하면 무너지지 않는다. 게다가 높은 언덕 위에 세워
져 있으니 저를 세상에 감출 방도가 없다. 당신이 땅에서 하는 일
이 이와 같아서 외부의 어떤 힘도 그것을 무너뜨릴 수 없고 바깥
사람들은 모르는 은밀한 비밀 따위가 없다는 말씀.

어둠 속의 불이 저를 보이지 않게 감추어둘 방도란 있을 수 없는
것이다. 어떤 종교단체에 실제로 대외비밀이 있다면 그건 이름으
로만 종교단체다.

네가 사람들에게 무엇을 가르쳤느냐고 묻는 심문관에게 예수께
서 하신 대답이다.

"나는 세상에 드러내놓고 말하였다. 언제나 모든 유대인들이 모이는 회당과 성전에서 가르쳤고 은밀하게는 한 마디도 하지 않았다."

33

예수께서 이르셨다.

"너희가 너희 귀로, 다른 귀로, 듣게 될 것을 지붕에서 선포하라. 무엇보다도 등불을 켜서 그것을 바구니 안이나 숨겨진 자리에 두는 사람은 없다. 오히려 사람들은 그것을 등경 위에 두어서 드나드는 사람들이 그 빛을 보게 한다."

여기 말씀하신 "다른 귀"를 사람이 육肉의 귀와 함께 지니는 영靈의 귀로 새겨 읽는다. 빛 속에서 걸어가는 사람이 어떻게 자기를 감추거나 숨길 수 있겠는가?

부디 세상을 향하여 떳떳하고 솔직하여라. 스승의 가르침과 속임수 비밀은 동행할 수 없는 것. 스스로 어둠에 숨어서 남을 환하게 비춰주는 빛이 어이 있으랴.

34

예수께서 이르셨다.

"눈먼 사람이 눈먼 사람을 이끌면 둘 다 구덩이에 빠질 것이다."

"눈먼 사람이 눈먼 사람을 이끌면 둘 다 구덩이에 빠질 것이다." 이걸 모르는 사람이 어디 있는가? 다만, 자기가 눈먼 줄을 모르는, 그래서 자기가 이것도 알고 저것도 안다고 착각하는, 그런 사람들이 많아도 너무 많아서 시끄럽고 어지러운 세상이다.

예수께서 이르셨다.

"사람이 힘센 사람 집에 들어가 그의 손을 묶어놓지 않고서는 물건을 가져갈 수 없다. 그리 한 다음에야 그의 집을 털 수 있다."

오랜 세월을 통해서 네 몸에 굳어져 있는 나쁜 버릇들을 없애려면 버릇에서 나오는 행동부터 손발을 묶어야 한다.

마음을 다스리려면 그것으로 말미암아 생겨나는 행동부터 다스려라. 겉의 행동을 그대로 두고서 속의 마음을 고치는 방법은 세상에 없다.

예수께서 이르셨다.

"아침부터 저녁까지 그리고 저녁부터 아침까지 [네 음식에 대하여 무엇을 먹을까, 또는 네 옷에 대하여…] 무엇을 입을까, 애태우지 말라. [너희는 길쌈도 하지 않고 실을 잣지도 않는 나리꽃들보다 훨씬 나은 존재들이다. 너희에게 입을 것이 없다면 무엇을 걸치겠느냐? 누가 너희 키를 더 키우겠느냐? 바로 그분이 너희 옷을 너희에게 주실 것이다.]"

아침부터 저녁까지 저녁부터 아침까지, 그러니까 하루 온종일, 입을 것과 먹을 것 때문에 걱정하는 사람들이 있어서 하신 말씀이다.

무슨 말인가? 옷 입은 몸으로 무엇을 입을까 걱정하지 말라는 얘기다.

누가 하느님의 법대로 사는 사람이냐는 질문에 간디가 답했다지?
"모자 쓰고 모자 사러 가지 않는 사람이다."

37

그분 제자들이 여쭈었다.

"당신이 언제 우리에게 나타나시고 우리가 언제 당신을 뵙겠습니까?"

예수께서 이르셨다.

"너희가 부끄러워하지 않고서 알몸이 될 때, 그리고 아이들처럼 옷을 발밑에 두고 그것들을 밟을 때, 그때 [너희가] 살아계신 분의 아들을 볼 것이고 그리고 무서워하지 않을 것이다."

자연은 부끄러움을 모른다. 하느님이 정하신 법을 어길 줄도 모르고 어길 능력도 없기 때문이다. 그래서 숲의 온갖 생물들이 옷이라는 걸 몸에 걸치지 않는 거다.

사람만이 하느님의 법을 어기거나 그것을 왜곡시킬 수 있다. 하느님이 사람에게만 그럴 자유와 힘을 주셨다. 하느님의 법을 어길 수 있어서 사람이고 그것을 좇을 수 있어서 사람이다. 자기를 채워 그것을 어기고 옷을 입으면 아담의 길이고, 자기를 비워 그것을 좇고 옷을 벗으면 예수의 길이다.

옷을 벗고 그것을 발로 밟는다는 말은 아담의 길을 버리고 돌아선다는 말이다. 아담에서 예수로! 여기에 우리가 그분을 만나는 유일한 길이 있다. 아니, 그게 그 길이다.

38

예수께서 이르셨다.

"너희는 자주 내가 지금 너희에게 하는 말을 듣고자 하였다.
그리고 다른 누구한테서도 이런 말을 듣지 못했다. 너희가
나를 찾아도 찾아내지 못할 그런 날들이 올 것이다."

들으려 하지 않은 자에게는 그것을 들을 기회가 있을 수 없다. 지
금 네가 이 말을 듣는 것은 네가 이 말을 들으려 했기 때문이다.
여태까지 이 말을 듣지 못한 것은 이 말을 들려줄 사람을 만나지
못했기 때문이다. 꽃을 보려고 눈을 뜨지 않은 자에게는 꽃이 안
보인다. 하지만 아무리 눈을 부릅떠도 꽃이 피기 전에는 꽃을 볼
수 없는 거다.

무엇을 찾는 건 네 자유다. 그러나 찾는다고 해서 그것이 찾아지
는 건 아니다. 누구를 육신으로 만나는 동안은 상대와 하나일 수
없다. 그래서 육신으로는 만날 수 없는 경지에, '죽음'을 통해서,
이르러야 한다.

"너희가 나를 찾아도 찾아내지 못할 그런 날들이 올 것이다." 이는 저주가 아니라 축복이다. 그날이 와야 한다. 어느새 그분과 하나로 되어 자기가 없어진 자기를 보는 날!

39

예수께서 이르셨다.

"바리사이들과 율법학자들이 지식의 열쇠를 가져다가 감춰 두었다. 그들은 스스로 들어가지도 않거니와 사람들이 그리로 들어가게도 하지 않았다. 너희는 뱀처럼 교활하고 비둘기처럼 단순하여라."

바리사이들과 율법학자들이 마음보가 고약해서 그러는 게 아니다. 자기들이 무엇을 잘 알고 있다는, 터무니없는 착각에 갇혀 있어서 그러는 거다. 착각에 갇힌 사람들이 착각에서 벗어나려는 사람들까지 가로막는다. 이것이 우리네 현실이다.

그게 그렇다고 말하는 진실의 입을 우리가 틀어막고 있는 건 아닌가?

뱀도 비둘기도 옹근 자연이다. 그러므로 인간의 스승 될 자격과 실력이 충분하다. 뱀은 등뼈가 굳어 있지 않아 자유자재로 상황의 변화에 저를 맞출 수 있고, 그래서 어디에도 걸리지 않고 제 길을 간다. 비둘기는 머리가 작아서 꼼수를 부릴 줄 모른다. 이른 바 잔머리 굴리기가 사람을 비열하고 비참하게 만드는 거다.

40

예수께서 이르셨다.

"포도나무 한 그루가 아버지한테서 멀리 떨어진 곳에 심어 졌다. 그것은 강하지 못한 까닭에 뿌리째 뽑혀 말라죽을 것 이다."

어디가 "아버지한테서 멀리 떨어진 곳"인가? 그런 데가 정말 있나? 여기서 보면 있고 저기서 보면 없다. 집 떠난 둘째아들한테는 있고 아버지한테는 없는 데가 거기다.

자기가 아버지한테서 멀리 떨어져 있다는 착각에 갇혀 살면 스스로 저를 아버지한테서 잘라내어 힘을 잃고 뿌리째 뽑혀 죽는다. 아버지가 만든 세상에 아버지로부터 떨어질 수 있는 어떤 것도 없다는 진실에 눈뜨기까지, 사람은 제가 만든 착각 속에서 죽어 간다.

아버지가 어디에 있느냐를 묻는 것은 여기가 어디에 있느냐고 묻는 것과 같다. 사람이 있던 곳, 있는 곳, 있을 곳은 여기뿐이다. 사람만 그러랴? 세상에 무엇이 어디에 있다고 한다면 그것은 그것이 있는 유일한 자리 '여기'에 있다. 어쩔 수 없는 '여기'를 살면서 마음으로 있지도 않은 '저기'를 헤매는 그 사람이 "아버지한테서 멀리 심어져 있는 포도나무"다.

"아, 주님. 저로 하여금 없는 시간 쓰느라 헛고생하지 말고 있는 시간이나 잘 쓰며 살게 해주십시오."(시에나의 카타리나)

41

十

예수께서 이르셨다.

"누구든지 손에 무엇을 가진 사람은 더 얻을 것이요, 아무것도 없는 사람은 그나마 가지고 있는 적은 것마저 빼앗길 것이다."

빈익빈貧益貧 부익부富益富는 보편적 원리다. 누구에게는 통하고 누구에게는 통하지 않는 편파적 원리가 아니다.

문제는 네가 지금 가지고 있는 게 무엇이냐. 사랑하는 사람은 더 많이 사랑할 것이고 미워하는 사람은 더 많이 미워할 것이다. 우리 모두 경험으로 알고 있는 진실이다.

"아무것도 없는 사람"이 세상에 있나? 없다, 그런 사람 없다. 자기한테 아무것도 없다고 생각하는 사람이 있을 뿐. 그 사람은 바로 그 생각 때문에 그나마 적게라도 있는 것마저 빼앗긴다.

42

예수께서 이르셨다.
"나그네가 되어라."

세상에 나그네로 살다 가지 않는 사람 있나? 없다. 나그네한테 나그네 되라고 하는 건 괜한 소리다. 그런데 왜 이런 말씀을 하시는가? 자기가 나그네라는 사실을 모르는 사람들이 있어도 너무 많이 있어서 괜히 시끄럽고 추잡해지는 세상에 주신 말씀이다. 그러니까 무슨 말인가? 네가 나그네라는 사실을 언제 어디서나 기억하고 처신하라는 말씀이다.

자기 집을 거창하게 꾸민다지만 실은 잠깐 머물 여인숙을 거창하게 꾸미는 거다.

당신처럼, 여우도 굴이 있고 참새도 둥지가 있지만 머리 둘 곳이 따로 없는 나그네로, 달리 말해서, 어디에도 매이지 않는 참 자유인으로 살라는 말씀!

43

그분의 제자들이 그분께 여쭈었다.
"우리에게 이런 말씀을 들려주시는 당신, 누구십니까?"

[그들에게 이르셨다.]
"너희는 내가 누구인지를 내가 너희에게 들려주는 말로 이해하지 않는다. 오히려 너희는 유대인들처럼 되었다. 그들은 나무를 사랑하면서 열매를 미워한다. 아니면 열매를 사랑하면서 나무를 미워한다."

사람의 말과 말하는 사람은 동떨어진 둘이 아니다. 하나다. 그런데 너희는 내가 하는 말과 나를 하나로 보지 않는다. 그러기에 내가 누구라고 말해주어도 너희는 나를 모른다.

사람의 말과 말하는 사람을 하나로 보기가 쉽지 않은 까닭은 그만큼 자신의 말과 삶이 일치되는 사람을 보기 어려워서다.

전체와 부분은 하나면서 하나가 아니다. 나무와 나뭇가지는 서로에게 너면서 나다. 나뭇가지에서 나무가 보이고 나무에서 나뭇가지가 보이는 일원一元의 눈을 뜨기까지, 나뭇가지는 나무를 보지 못한다.

하나인 것을 둘로 나눠놓고 보는 이원二元의 눈으로는 "아버지가 내 안에, 내가 아버지 안에"라는 말씀의 깊은 뜻을 결코 알 수 없다.

44

예수께서 이르셨다.

"누구든지 아버지를 거슬러 욕하는 자는 용서받을 것이고, 누구든지 아들을 거슬러 욕하는 자도 용서받을 것이다. 그러나 누구든지 성령을 거슬러 욕하는 자는 땅에서도 하늘에서도 용서받지 못할 것이다."

용서라는 게 있으려면 잘못한 쪽과 그 잘못으로 말미암아 상처받은 쪽이 있어야 한다. 용서받는 쪽과 용서하는 쪽이 서로 만나야 비로소 가능한 것이 용서다.

아버지를 거슬러 욕하는 것은 좋다, 용서받을 수 있다. 아들을 거슬러 욕하는 것도 좋다, 용서받을 수 있다. 아버지와 아들은 조건 없이 용서할 수 있는 관계이기 때문이다.

하지만 그분들이 아무리 용서한다 하더라도, 나는 잘못한 것 없으니 용서받을 이유가 없다는, 그러므로 용서 같은 것 받지 않겠다는, 그런 사람까지 용서할 수는 없는 일이다.

성령이 자기 안에서, 네가 무슨 짓을 했고 그러니 용서를 빌어야 한다고 일러주지 않으면, 누구도 자기가 무슨 짓을 했고 그래서 용서를 빌어야 한다는 사실을 알 수 없다.

네가 아버지와 아들을 거슬러 욕했지만, 이제라도 늦지 않았으니 용서를 빌라고 일러주는 성령을 거슬러 욕하면서 무슨 수로 아버지와 아들의 용서를 받을 수 있겠는가?

물론 이 말씀은 "제가 임의로 또는 저도 모르게 아버지와 아들을 거슬렀습니다, 부디 용서해주십시오"라고 말하는 사람과는 아무 상관이 없는 말씀이다.

45

예수께서 이르셨다.

"가시나무에서 포도를 거둘 수 없고 엉겅퀴에서 무화과를 딸 수 없다. 그것들이 열매를 맺지 않기 때문이다. 선한 사람들은 제가 쌓아둔 것에서 선을 만들어내고, 악한 사람들은 저희 가슴 속에 쌓아둔 악한 것에서 악을 만들어낸다. 그리고 악한 것들을 말한다. 그들이 흘러넘치는 제 가슴에서 악을 만들어내기 때문이다.

선한 행실보다 선한 사람이다. 악한 행실보다 악한 사람이다. 어떤 사람이 선한 사람이냐 악한 사람이냐는 그가 제 속에 무엇을 쌓아두었느냐에 따라서 결정된다.

네 속에 무엇을 쌓아둘 것인가? 그건 네 몫의 일이다. 다른 사람이나 상황에 핑계를 댈 수야 있겠지만 결국은 네가 선택하는 것이다. 이유는 간단하다, 네가 사람이기 때문이다.

대부분 사람이 자기 속에 악한 것을 쌓아두기도 하고 선한 것을 쌓아두기도 한다. 그래서 선하기도 하고 악하기도 하다. 그러므로 둘 가운데 어느 쪽을 편들 것인지가 공통 과제다.

"아이야, 네 속에서 늑대와 양이 서로 싸우고 있구나."
"어느 쪽이 이길까요?"
"그야, 네가 먹이를 주는 쪽이지."

46   ✝

예수께서 이르셨다.

"아담에서 세례자 요한까지, 여자한테서 난 사람들 가운데
세례자 요한보다 큰 사람이 없다. 그가 시선을 내려뜨리지
않을 것이다. 하지만 나는 말한다. 누구든지 너희 가운데 아
이처럼 된 사람이 그 나라를 볼 것이고, 그가 요한보다 커질
것이다."

세례자 요한은 갈수록 '나'가 작아지고 자기한테서 '그분'이 커지
셔야 한다고 말한 사람이었다. 말만 그렇게 한 게 아니라 실제로
그렇게 되고자 최선을 다했다. 그 결과 "여자 몸에서 난 사람들
가운데 가장 큰 사람"이 되었다.

하지만 요한은 그렇게 되고자 최선을 다하고 있는 '나'가 여전히
자기 인생의 주인이었다. 그래서 제 삶이 온통 그분의 은총인 것을
깨치고 그분을 자기 인생의 모든 것으로 삼아 "아이처럼 된 사람"
보다 작을 수밖에 없다. '아이처럼 된 사람'이다. '아이'가 아니다.

47

예수께서 이르셨다.

"한 사람이 두 마리 말을 타거나 두 개의 활을 당길 수 없다. 그리고 종 하나가 두 주인을 섬길 수 없다. 그러다가는 한 주인을 높이고 다른 주인을 기분 상하게 할 테니까. 누구도 묵은 포도주를 마시고 곧장 새로 빚은 포도주를 마시겠다고 하지 않는다. 새로 빚은 포도주를 낡은 가죽부대에 담지 않는다. 그러다가는 그것이 터질 테니까. 그리고 묵은 포도주를 새 가죽부대에 담지도 않는다. 그것이 망가질 테니까. 낡은 헝겊으로 새 옷을 깁지 않는다. 그것이 찢어질 테니까."

머리는 하나다. 그게 맞다. 사람의 몸이 하나기 때문이다. 예수께서 사람이 하느님과 맘몬을 아울러 섬길 수 없다고 하신 것은 너무나도 지당한 말씀이지만 어쩌면 세상에서 가장 많은 사람들에 의하여 무시당하는 그분의 말씀들 가운데 하나일 것이다.

하느님은 네 안에서 너를 부르신다. 맘몬은 저기 어디에서 너를 부른다. 어디로 갈 것인가? 저기는 살려고 애쓰다가 죽는 사망의 길이고 여기는 죽어서 사는 생명의 길이다.

오래 묵은 버릇은 그것이 자기를 해치는 나쁜 버릇이라는 사실을 알면서도 버리기 힘든 물건과 같다. 그래서 어리석고 무능한 인간이다. 하지만 버릇은 그래봤자 버릇이다. 본인이 그것을 없애거나 좋은 버릇으로 바꾸리라 단단히 결심하고 하늘에 도움을 청하면 얼마든지 없애거나 바꿀 수 있다. 그래서 지혜롭고 유능한 인간이다.

내용 없는 틀 없고 틀 없는 내용 없다. 틀 없는 내용은 사람이 쓸 수 없고 내용 없는 틀은 처음부터 무용지물. 예수의 새로운 가르침을 모세의 낡은 틀에 담을 수는 없는 일이다. 물론 얼마든지 그럴 수 있지만, 그러면 모세의 틀이 부서지고 예수의 가르침은 간데없다.

배움의 길이란, 그동안 배운 것을 지우고 새로운 것을 배우고 다시 배운 것을 지우고 새로운 것을 배우고, 다시 낡은 것을 지우고 새것을 배우는 끝없는 길이다. 마침내 더 알아야 할 것이 없는 그날까지 이어지고 이어지는….

48

예수께서 이르셨다.

"둘이 한 집에서 평화롭게 살면 그들이 산에게 말하기를, '여기에서 옮겨져라!' 하여도 그대로 될 것이다."

어차어피 지구별은 극에서 극으로 돌아간다. 동이 있어 서가 있고, 남이 있어 북이 있고, 여자가 있어 남자가 있고, 위가 있어 아래가 있고, 안이 있어 밖이 있고….

그래도 지구별은 천상천하에 하나뿐인 별이다. 한 집에서 둘이 함께 살아야 하는 것이 지구별 생명체의 숙명이다. 그러니 이 별에서 사람들이 경험할 수 있는 것도 둘 중 하나다. 서로 화목하여 안 되는 일이 없든지 아니면 서로 불화하여 되는 일이 없든지.

49

예수께서 이르셨다.

"혼자면서 뽑힌 사람들은 복이 있다. 저들이 그 나라를 보게 될 테니까. 너희가 거기에서 왔으니 너희가 거기로 돌아갈 것이다."

한 분이신 하느님 아버지 앞에서는 모든 아들과 모든 딸이 독자獨子다. 사람이 태어날 때와 죽을 때 혼자인 까닭이 여기에 있다.

광야에서, 게쎄마니 동산에서, 아버지를 독대獨對한 사람, 그분이 예수였다.

저쪽에서 아무리 가려 뽑았어도 이쪽에서 '아멘'으로 받아들이지 않으면, 이쪽은 아직 뽑힌 사람이 아니다. 하느님은 빛 같은 분이시라, 가려서 부르시지는 않지만 그 부르심을 모두가 받아들이는 건 아니다. 오히려 대부분이 자신의 '나'에 가로막혀 저를 부르시는 하느님이 보이지도 않고 그 소리가 들리지도 않는다. 그래서 뽑힌 사람이 복 있는 사람이다.

하지만 제가 온 데로 끝내 돌아가지 않을 그런 사람은 없다. 성인은 사람을 [그가 어떤 모양을 하고 있든] 버리지 않는다[聖人無棄人] 했거늘 하물며 거룩하신 아버지 하느님께서 누구를 무슨 이유로 버리시겠는가?

50

예수께서 이르셨다.

"그들이 너희에게 말하기를, '너희가 어디에서 왔느냐?' 하거든, 그들에게 '우리는 빛에서, 빛이 스스로 존재하게 되고, [스스로] 세워지고, 저들의 형상으로 나타난 곳에서 우리가 왔다'고 말하여라. 그들이 너희에게 말하기를, '그게 너냐?' 하거든 그들에게 말해주어라. '우리는 그것의 자녀들이고 그리고 우리는 살아계신 아버지의 뽑힌 자들이다.' 그들이 너희에게 말하기를, '너희 아버지가 너희 안에 있다는 증거가 무엇이냐?' 하거든 그들에게, '움직임과 쉼'이라고 말하여라."

적어도 '태양계'라는 이름으로 불리는 이곳에서는 존재하는 모든 것이 '큰 빛'[太陽]에서 온 것들이다. 사물과 사람의 본질이 빛이라는 얘기다. 그것이 어떻게 스스로 존재하게 되고 스스로 세워지고 만물의 형상으로 출현하게 되었는지 그 방법과 과정을 알려고 애쓸 것 없다. 사람 머리로 쉽게 이해되지도 않을뿐더러 누가 뭐라고 설명해도 납득하기 어려울 것이다. 간혹 그것을 현실에서 경험했다는 이들의 증언도 있지만 머리로 이해하기는 여전히 어렵다. 그러려니 하고 살다 보면 언제고 "아하, 모든 게 빛이었구나!" 할 날이 올 것이다. 저 변화산에서의 세 제자 베드로, 야고보, 요한처럼.

"살아계신 아버지의 뽑힌 자들이다" 이 말은 "살아계신 아버지의 부르심에 '예'라고 대답한 자들이다"로 새겨 읽는 게 옳다. 빛은 상대를 가려서 비추지 않는다. 그럴 수 없다. 어떤 빛이 상대를 가려서 비춘다면 그건 빛이 그러는 게 아니라 사람이 그러는 거다.

빛이신 아버지가 네 안에 있다는 진실은 네가 살아서 움직이고 쉬는 것으로 입증된다. 그분이 네 안에 한결같은 숨결로 살아계시지 않는다면 너는 손가락 하나 움직일 수 없고 그 움직임을 멈출 수도 없다. 네가 스스로 할 수 있는 게 무엇인지 찾아보아라. 숨 쉬는 것? 어림없는 말씀! 저 맑은 공기가 없는데 네가 어떤 숨을 무슨 수로 쉬겠느냐?

51

그분 제자들이 그분께 말씀드렸다.
"언제 죽은 자의 쉼이 자리를 잡겠습니까? 그리고 언제 새로운 세상이 올는지요?"

그분이 그들에게 이르셨다.
"너희가 찾는 것은 이미 왔다. 하지만 너희가 그것을 모르고 있다."

아인슈타인이 말하는 "시간과 공간이라는 정신적 구조물"이 없는 데에서는 '언제'라는 말 자체가 불가능하다. 하늘은 시간도 공간도 여기도 저기도 없다.

오늘은 물론이고 모든 과거가 오늘에 있고 모든 미래도 오늘에 있다.

오늘을 살지 못하는 사람에게는 "그날이 언제?"가 궁금하겠지만 그날이 언제라고 말해줄 사람은 세상에 없다. 어디에도 없는 날을 누가 무슨 말로 일러줄 것인가?

이미 여기에 있는 것을 모르는 건 잘못도 무능도 아니다. 그래도 보지 못하는 눈을 보게 하고, 보는 눈을 보지 못하게 하려고 세상에 왔다고 말씀하신 분이 우리 곁에 살아계신다. 오직 그분을 바라보고 그분의 가르침대로 살고자 힘닿는 데까지 애써볼 따름이다, 지금!

52

그분 제자들이 그분께 말씀드렸다.
"스물네 예언자들이 이스라엘에서 말했습니다. 그리고 그들 모두가 당신을 말했지요."

그분이 그들에게 이르셨다.
"너희가 너희 앞에 살아있는 사람은 보지 않고 죽은 이들을 말하는구나."

어떤 명분으로든 눈길을 지금 여기에서 돌려 어디에도 없는 무엇을 향하게 하는 것이야말로 사람이 받을 수 있는 가장 쉽고 치명적인 유혹이다.

사탄이라는 존재가 있다면 제자들의 눈을 스승한테서 다른 데로 돌려놓는 게 기본 전술일 것이다. 달 대신에 달을 가리키는 손가락을 보게 하면 그 전술은 완벽하게 성공이다.

제자들로 하여금 지금 여기에서 볼 수 있고 보아야 하는 대상
으로 눈길을 모으게 하는 것이 동서고금 모든 스승들의 중심
과제다.

53

그분 제자들이 그분께 말씀드렸다.
"할례란 쓸모 있는 겁니까, 아닙니까?"

그분이 그들에게 이르셨다.
"그게 만일 쓸모 있는 것이면 아비가 어미한테서 할례 받은 자식들을 낳았을 것이다. 그보다는, 영으로 받는 참된 할례가 모두에게서 존중 받을 만한 것이다."

할례는 남자 성기에 칼을 대어 그것을 성결케 하는 의례儀禮다. 그것을 받아야 한다고 생각하는 사람한테는 쓸모 있는 것일 뿐 아니라 필수적인 것이겠지만 그렇게 생각하지 않는 사람한테도 그런 건 아니다. 선생님은 할례를 어떻게 생각하시느냐는 제자들 질문에, 아브라함의 자손이지만 사람의 아들로 사셨던 스승의 답은 "그게 만일 쓸모 있는 것이면 아비가 어미한테서 할례 받은 자식들을 낳았을 것이다"였다. 아이가 태어날 때 어미 뱃속에서 부터 코가 달려 나오듯이.

종교란 보이는 몸으로 보이지 않는 몸을 살아가는 길이다. 보이는 육신의 할례보다 보이지 않는 영의 할례가 존중되는, 거기가 종교라는 이름의 동네다.

할례는, 몸의 할례든 영의 할례든 스스로 하는 게 아니다. 받는 것이다.

54

예수께서 이르셨다.

"가난한 사람에게 복이 있다. 그에게 하늘나라가 속하기 때문이다."

아무 가진 것 없는 사람, 그가 가난한 사람이다. 가난한 사람이 하늘나라에 속한 게 아니라 하늘나라가 그에 속한다. 예수님은 이것이 내 것이라고 할 아무것도 없으셨다. 그래서 하늘나라가 당신 안에 있다고, 따라서 우리 안에도 있다고, 말씀하신 거다.

사람은 태어나서 죽을 때까지 본디 가난한 사람이다. 이것은 내 것이라고 주장하여 소유할 수 있는 무엇도 원래 없기 때문이다.

가난한 사람이란 본디의 자기로 돌아간 사람이다. 스스로 가졌다고 착각했던 모든 것을 버리고 알몸으로 돌아온 탕자, 그가 가난한 사람이다. 아버지는 그를 가리켜 "죽었다가 살아난 자식"이라고 말한다.

미망의 착각에서 눈을 떠 진실을 깨친 사람, 한 번 크게 죽고 거듭난 사람, 그가 가난한 사람이다. 그를 부르는 다른 이름이 있다면 "땅에서 이루어진 하늘나라"쯤 될까?

55

예수께서 이르셨다.

"누구든지 아버지와 어머니를 미워하지 않으면 내 제자일 수 없다. 그리고 누구든지 형제들과 자매들을 미워하고 내가 진 십자가를 지지 않으면 나에 어울리는 사람이 못될 것이다."

핏줄은 물론 중요하다, 육의 사람에게는. 하지만 영의 사람에게 핏줄은 비상하는 날개를 묶는 사슬에 지나지 않는다.

새로운 세상에 태어난 아이는 낡은 세상(어미 뱃속)의 생활방편(탯줄)이 끊어져야 산다.

십자가를 지는 것은 육의 사람으로 죽는 것이다. 여태 자기의 전부라고 생각했던 '나'가 죽어야 갈 수 있는 길이 십자가의 그분에 어울리는 길이다. 단호하지만, 피할 수도 거스를 수도 없는 진실이다.

예수께서 이르셨다.

"누구든지 세상을 알게 된 사람은 시체를 발견한 사람이다. 시체를 발견한 사람, 그에게 세상은 쓸모없는 것이다."

시체는 스스로 움직이지 못한다. 천지만물 모두가 한 치도 어김없이 정해진 궤도를 좇아서 돌아간다. 나무도 풀도 짐승도 사람조차도 정해진 법도를 어길 수 없다. 저마다 살아있는 것 같지만 진실은 저 아닌 누군가에 의해서 움직이는 시체들이다. 인간의 감각과 생각이 스스로 살아있다는 착각을 만들어 자신을 속이고 있는 거다.

시체는 한때 살아있던 생명이다. 살아있지 않은 것은 죽지 못한다. 자기를 포함하여 세상 모든 것이 시체임을 깨친 사람은, 어쨌거나 이 진실을 깨친 사람은, 더 이상 세상에 속하지 않는다. 무슨 말인가? 죽기 전의 저로, 살아있는 생명으로 돌아갔다는 얘기다.

물과 성령으로 거듭난 사람, 다시 말해, 한 번 죽었다가 살아난 사람, 그에게 세상은 아무것도 아니면서 모든 것이다. 순간순간이 소중하지만 어디에도 무엇에도 집착하지 않는다. 순간순간을 허투루 보내지 않으면서 순간순간 스스로 자유롭다.

예수께서 이르셨다.

"아버지 나라는 [좋은] 씨를 가진 사람과 같다. 그의 원수가 밤에 와서 좋은 씨 사이에 잡초들을 심었다. 그 사람은 일꾼들이 잡초들을 뽑지 않게 하고 그들에게 말했다. '그러지 마라, 너희가 잡초들을 뽑다가 그것들과 함께 밀까지 뽑을라.' 추수하는 날에는 잡초들의 정체가 밝혀지고 한데 뽑혀 불에 태워질 것이기 때문이다."

아버지의 나라는 좋은 것들만 있는 나라가 아니다. 좋은 것이 있으려면 안 좋은 것들이 있어야 한다. 하지만 안 좋은 것들을 있게 하려고 좋은 것이 있는 건 아니다. 좋은 것을 좋은 것으로 있게 하려고 안 좋은 것들이 있는 거다. 그런즉, 원수가 알고 보면 협조자다.

네가 세상에 존재하는 이유는 안 좋은 것들을 발본색원拔本塞源하는 데 있지 않다. 그것들로 말미암아 존재하는 본디 좋은 것들을 돌보고 자라게 하는 것이다.

안 좋은 것들은 그냥 놔두고 눈여겨보지 말라. 언제고 사라진다.

58

예수께서 이르셨다.

"애써서 삶을 찾은 사람에게 복이 있다."

처녀가 아이 낳아 기른다는 게 무엇인지 알려면 몸으로 아이를 낳고 길러보아야 한다. 그러지 않고서는 아이 낳는다는 게 뭔지, 아이를 기른다는 게 뭔지 알 턱이 없다.

사람이 죽지 않고 산다는 게 뭔지 아는 것도 거저는 안 된다. 산전수전 온갖 풍파 두루 겪어야 알 수 있다. 고생한다고 해서 산다는 게 뭔지 저절로 알아지는 것도 아니다. 고생은 했지만 깨친 게 없는 경우[困而不知]도 있다. 그냥 있는 게 아니라 아주 많이 있다. 그래서 고생한 값으로 산다는 게 뭔지를 알게 된 사람한테 복이 있다는 말씀이다.

59

예수께서 이르셨다.

"너희는 살아있는 동안에 살아있는 이를 찾아라. 그러지 않으면 너희가 죽을 것이고, 그 뒤에는 살아있는 이를 보려고 해도 볼 수 없을 것이다."

"너희는 '살아있는' 동안에 '살아있는' 이를 찾아라." 앞의 '살아있는' 것은 시공간에 갇힌 몸이고 뒤의 '살아있는' 것은 영원한 영靈이다.

사람이 세상에 살면서 무엇을 하거나 하지 않거나 모든 것을 제 몸으로 한다. 구체적인 몸을 떠나서는 자살조차 할 수 없는 게 사람이다.

"예수께서 제자들에게 이르셨다. 죽기 전에 죽어 나와 함께 부활하자."(루미)

내가 생명이라고 하신 분이 예수다. 그분은 당신 약속대로 지금 여기 네 곁에 계신다. 그러니 네 몸이 아직 살았을 때 그분을 찾아라. 만나게 될 것이다. 네가 문 두드리기를 기다리는 이가 문간에 서 있다. 지극한 간절함으로 두드리는 네 앞에서 어떻게 그 문이 열리지 않을 수 있겠느냐?

60

그분이 양 한 마리 데리고 유다로 가는 사마리아 사람을 보셨다. 그분이 당신 제자들에게 이르셨다.

"저 사람… 양을 데리고."

그들이 그분께 말했다.

"그렇게 해서 그가 그것을 죽이고 그것을 먹겠지요."

그분이 그들에게 이르셨다.

"그가 그것이 살아있는 동안에는 먹지 못할 것이다. 그것을 죽이고, 그래서 그것이 시체가 된 뒤에야 먹을 수 있다."

그들이 말했다.

"그러지 않으면 그럴 수 없지요."

그분이 그들에게 이르셨다.

"너희도 그렇다. 너희 자신을 위하여 쉴 곳을 찾아라. 그러지 않으면 시체로 되어 먹힐 것이다."

살아있어라. 시체가 되어 남에게 먹히지 않을 것이다.

사람이 참으로 사는 길은 하나뿐이다. 저를 낳은 어미 품에 젖먹이로 안겨, 거기가 그의 안전한 쉴 곳이다. 제 힘으로 살지 않고 어미가 저를 살리게 하는 것이다.

너 자신을 어머니 하느님 품에 안겨드려라. 네가 영원히 살아서 죽지 아니하리라.

"인생이란 더디게 진행되는 회임懷妊 기간이다."(카를 융)

61

예수께서 이르셨다.

"두 사람이 한 걸상에 등을 기대고 옆으로 누울 터인즉, 하나는 죽고 하나는 살 것이다."

살로메가 말했다.

"당신, 누구십니까? 마치 누가 보내서 온 사람인 양, 제 걸상에 등을 기대고 옆으로 누워서 제 식탁의 음식을 먹고 있습니까?"

예수께서 그녀에게 이르셨다.

"나는 옹근 전체로부터 온 사람이다. 내 아버지의 것들을 내가 물려받았다."

[살로메가 말했다.]

"저는 당신의 제자입니다."

[예수께서 이르셨다.]

"그래서 내가 말한다, 사람이 온전하면 그가 빛으로 가득
찰 것이나 사람이 나뉘어져 있으면 그가 어둠으로 가득 찰
것이다."

스승이 제자들 식탁에서 밥을 먹는다. 스승의 가르침을 살리는
것은 스승이 아니라 제자들이다. 제자들이 스승의 가르침대로 살
면 그들한테서 스승이 사는 것이고 그 가르침대로 살지 않으면
그들한테서 스승이 죽는 것이다.

"나는 포도나무, 너희는 가지들이다." 나뭇가지가 온전할 수 있는
유일한 길은 나무에 연결되어 있는 것이다. 빛에 연결되면 빛으로
가득 차지 않을 수 없다. 그러지 않고 빛으로부터 단절되어 있으
면, "사람이 나뉘어져 있으면" 어둠으로 가득 채워질 것이다.

62

예수께서 이르셨다.

"나는 [내] 신비들이 [쓸모 있는] 사람들에게 내 신비들을 밝혀준다. 네 오른손이 하는 일을 네 왼손이 모르게 하라."

비밀이 있는 건 아는데 그게 무엇인지는 모르니까 비밀이다. 무엇이 어디 있는지 김金은 아는데 박朴은 모른다. 그렇다는 걸 둘 다안다. 이럴 때 '무엇'과 '어디'는 박에게 비밀이다. 김한테는 비밀이아니다. 박한테도, 그렇다는 걸 박이 모르면, 비밀이 아니다.

비밀은 비밀의 주인이 밝혀서 알게 되는 거지 다른 누가 밝혀서알아낼 수 있는 게 아니다. 다른 누가 밝혀낼 수 있는 것이면 처음부터 비밀이 아닌 거다.

예수, 그분에게 신기한 비밀이 있다는 사실을 알고 인정하는 것이먼저다. 그분의 비밀에 아무 관심도 없는 사람 귀에는 들리지 않을 말씀이다. 당신의 비밀을, 그것을 알고자 하는 사람에게만, 보여주겠다는 말씀이다. 알고자 하는 것만으로는 아직 아니다. 그것을 알아도 될 사람, 알아서 해가 되지 않고 득이 될 사람, 그런 사람에게만 당신의 비밀을 보여주신다는 말씀이다. 그러니 네가 만일 그분의 신비를 알고자 한다면 그것을 어떻게든 캐어내려고 애쓸 게 아니라 그것을 알아도 될 만한 사람, 그것을 알아서 좋은데 쓸 수 있는 사람으로 너를 성장, 성숙시키는 그분의 일을 도와드리는 데 오로지 힘쓸 일이다.

무슨 일을 할 때, 특히 세상이 좋은 일로 여기는 일을 할 때, 그 일을 자기가 한다는 의식이 바탕에 깔려 있으면, 아직 아니라는 말씀이다.

"높은 덕德은 덕을 베풀지 않아서 덕이 있고 낮은 덕은 덕을 잃지 않으려 해서 덕이 없다, 하였다."(노자老子 38장)

네가 무슨 좋은 일을 한 줄로 아느냐? 다시 묻는다, 그 일을 한 게 너라고 생각하느냐? 아직 가야 할 길이 멀다, 네가 좋은 일을 하는 줄 모르면서 하게 되기까지.

63

예수께서 이르셨다.

"돈이 아주 많은 부자가 있었다. 그가 말했다. '내가 돈을 써서 씨를 뿌리고 거두고 심을 것이다. 그리고 소산물로 곳간을 가득 채워 부족함이 없게 할 것이다.' 그가 마음속으로 이런 생각을 했지만 바로 그날 밤 그가 죽었다. 누구든지 여기 좋은 두 귀를 가진 사람은 더 잘 들었다!"

한 치 앞도 미리 내다볼 수 없는 게 인간이다. 본디 그렇다. 실제로 한 치 앞이 있는데 그걸 보지 못하는 게 아니라 처음부터 없어서 볼 수 없는 거다. 과거는 이미 없고 미래는 아직 없고 오직 현재가 있을 뿐이나 그마저도 동시에 없으면서 있다.

과거, 현재, 미래란 실체는 어디에도 없고 있다면 오직 인간의 머릿속에 관념으로 있을 뿐이다. 지금 이 부자는 저에게 주어진 현실을 사는 게 아니라 제 생각을 살고 있다. 아, 과연 이 어리석은 부자만 그러한가?

64

예수께서 이르셨다.

"한 사람이 손님들을 맞고 있었다. 저녁상이 마련되자 그가 종을 보내 손님들을 초대하였다. 종이 첫 번째 사람한테 가서 그에게 말했다. '우리 주인께서 당신을 초대하십니다.' 그가 말했다. '상인들 몇이 나에게 빚을 졌는데 그들이 오늘 밤 이리로 오고 있다네. 내가 가서 그들에게 일러줄 말이 있어. 미안하지만 저녁 먹으러 갈 수 없구먼.' 종이 다른 사람에게로 가서 그에게 말했다. '우리 주인께서 당신을 초대하십니다.' 그가 종에게 말했다. '내가 집을 한 채 샀는데 온종일 밖에 나가 있었네. 시간이 없을 것 같아.' 종이 다른 사람에게로 가서 그에게 말했다 '우리 주인께서 당신을 초대하십니다.' 그가 종에게 말했다. '친구가 결혼하는데 내가 잔치를 맡아 하게 되었네. 미안하지만 저녁 먹으러 갈 수 없구먼.' 종이 다른 사람에게로 가서 그에게 말했다. '우리 주인께서 당신을 초대하십니다.' 그가 종에게 말했다. '내가 밭을 샀는데 도조를 받으러 가야 해서 갈 수가 없어. 부디 용서하시게.' 종이 돌아와 주인에게 말했다. '주인께서 초대한 사람들이 미안하다며 용서를 구합니다.' 주인이 종에게 말했다. '거리로 나가서 네가 보는 사람들을 모두 데려와 저녁을 먹게 하여라.' 사는 자들과 파는 자들은 내 아버지 계신 곳에 들어올 수 없다."

숲에는 가게가 없다. 슈퍼마켓도 전통시장도 없다. 주식회사도 개인회사도 없다. 오직 값이 없고 이유도 없는 주고받기만 끝없이 이어질 따름이다.

사람들이 물건을 사고 파는 데는 자기 이익을 남의 이익에 앞세운다는 불문율이 있다. 손해 보려고 장사하는 사람 없다는 얘기다. 하지만 자기를 남에 앞세워서는 이루어지지 않는 게 사랑이다. 사랑이신 아버지 나라에 사고 파는 사람들이 들어올 수 없는 까닭은 누가 그런 사람들을 못 들어오게 막아서가 아니다. 그들이 스스로 들어가지 않는 거다. 어느 똑똑한 장사꾼이 다른 누구를 이득 보게 하려고 제가 손해 보는 바보들의 나라에 들어가려 하겠는가?

65

그분이 이르셨다.

"한[…] 사람이 포도원을 가졌는데 그것을 어떤 농부들에게 빌려주었다. 그래서 그들이 거기에서 일하고 그는 그들로부터 작물을 거둘 수 있었다. 그가 자기 종을 보냈고 농부들은 포도원 작물을 그에게 주게끔 되어 있었다. 그들이 그를 붙잡고 그를 때리고 거의 죽여 놓았다. 그가 돌아와서 주인에게 말했다. 그의 주인이 말했다. '어쩌면 그들이 자네를 몰랐을 거야.' 그가 다른 종을 보냈고, 그들은 마찬가지로 그를 때렸다. 그러자 주인은 자기 아들을 보내면서 말했다. '그들이 내 아들은 알아보고 존중하겠지.' 농부들은 그가 포도원 상속자라는 걸 알았고 그래서 그를 붙잡아 죽였다. 누구든지 여기 좋은 두 귀를 가진 사람은 더 잘 들었다!"

사람이 무엇을 제가 가져야 하고, 가질 수 있다는 근본 착각에서 깨어나지 않는 한, 이런 어이없는 불상사를 피할 길이 없다. 그들이 스스로를 괴롭히고 망치는 까닭은 심보가 고약해서가 아니다.

제가 누군지 왜 여기에 있는지 그걸 몰라서다. 왜 모르나? 자기가 무엇을 모르는지도 모르는데 무슨 수로 그것을 알겠는가?

시방 우리가 그러고 있다는 말씀이다. 귀 있으면 알아듣는 거고 귀 없으면, 아예 들을 마음이 없으면, 들어도 들리지 않는 거다.

66

예수께서 이르셨다.

"건축사들이 버린 돌을 나에게 보여라. 그것이 머릿돌이다."

건축사라면 집 짓는 데 쓰이는 돌에 달통한 전문가다. 그가 쓸모 없다 판단하여 버린 돌, 그 돌이 건물에서 가장 긴요한 머릿돌이라는 말씀이다.

사람의 지혜가 하느님 눈에는 어리석음이요, 하느님의 지혜가 사람 눈에는 어리석음이다.

이러나저러나 사람이 사람을 버리고 사람이 사람에게 버려지는 세상이라면, 버리는 쪽에 서지 말고 버려지는 쪽에 설 일이다. 이렇게 말씀하신 그분의 제자로 살고자 한다면….

누구에게 버림받는 건 좋다.

하지만 누구를 버리는 것은, 그가 아무리 못된 종자라 해도, 세상에서 버림받은 스승의 제자가 걸어 마땅한 길이 아니다.

67

예수께서 이르셨다.

"모든 것을 알지만 자기 안에서 모자란 사람들, 그들이 정말
모자란 사람들이다."

무엇이 어디에 있는 것은 그것을 보는 눈이 있어서 가능한 일이
다. 네가 그것을 보기까지 너에게 그것은 있지만 없는 거다.

사람이 천하를 얻고서 저를 잃으면 그 천하가 다 무엇이랴?

잔뜩 굶주린 사람들이 배고픈 줄 모르고 온갖 그림의 떡으로 시
끄러운 잔치를 날마다 벌이고 있으니 저토록 괴이하고 딱한 세상
이 또 있을까?

68

예수께서 이르셨다.

"너희가 미움 받고 핍박당할 때 너희에게 복이 있다. 그리고 너희가 어디에서 핍박당했든지, 그 장소가 발견되지 않을 것이다."

누구를 미워하고 누구를 핍박하는 대신 누구에게 미움 받고 누구에게 핍박당하니 분명 제가 저를 해치는 사람이 아니다. 복 있는 사람이다.

지난날에 있었던 일은, 지난날과 더불어, 이 세상 어디에도 없는 것이다. 지난날에 핍박당했던 곳을, 이 세상 어디에도 없는 그곳을, 누가 어떻게 찾을 수 있으랴?

69

예수께서 이르셨다.

"자기 마음속에서 핍박당한 사람들은 복이 있다. 그들은 진정으로 아버지를 알게 될 사람들이다. 배고픈 사람들에게 복이 있다. 그렇게 고픈 사람 배가 채워질 것이다."

자기보다 약한 누군가를 핍박하는 사람은 사랑이신 아버지 하느님을 알 자격이 없다. 약자로서 억울하게 핍박당하는 사람에게만 그럴 자격이 주어진다. 물론 핍박당한다 해서 누구나 아버지를 알게 되는 건 아니다. 몸으로 당하는 핍박을 마음으로 거절하면, 스스로 죽어 상대와 함께 사는 사랑의 길을 알 수 없거니와 그 길을 걸을 수는 더욱 없는 일이다.

너 때문에 다른 누가 배고프면 너에게 화禍가 된다. 둘의 배가 함께 고플 것이다. 다른 누구 때문에 네 배가 고프면 너에게 복福이 된다. 고픈 네 배를 하느님이 채워주실 것이다.

70

예수께서 이르셨다.

"너희가 너희 안에 있는 것을 밖으로 내면 너희한테 있는 것이 너희를 구원할 것이다. 너희가 너희 안에 있는 것을 내지 않으면 너희한테 없는 것이 너희를 죽일 것이다."

네 안에 있는 것을 두려움이라 하자. 그것을 밖으로 내면 더 이상 너에게 두려움이 없으니 그러므로 네가 살 것이다. 네 안에 있는 것을 사랑이라 하자. 그것을 밖으로 내면 그래야 마침내 사랑이니 그리하여 네가 살 것이다.

거꾸로도 마찬가지다. 네 안에 있는 두려움을 밖으로 내지 않으면 네 안에 두려움이 그냥 있으니 그것이 너를 삼켜 죽일 것이다. 네 안에 있는 사랑을 밖으로 내지 않으면 너에게 사랑이 없는 것이니 그 없는 사랑이 너를 죽게 할 것이다.

참사람은 참사랑과 더불어 안팎이 따로 없다. 밖으로 내는 것은 안과 밖을 하나로 만드는 길이고, 밖으로 내지 않는 것은 안과 밖을 나누어 둘로 만드는 길이다.

큰 길에 문이 없다[大道無門]지만 작은 길에도 문은 없다. 그런 게 있으면 길이 아니다.

71

예수께서 이르셨다.

"내가 [이] 집을 부술 것이다. 그러면 아무도 그것을[…] 세울 수 없을 것이다."

모든 사람 몸이 일회용 소모품이다. 한 번 쓰고 나면 재활용 불가능이다. 사람 몸은 하느님의 영이 땅에서 잠시 머무르시는 여인숙이다. 집주인이 스스로 집을 무너뜨리는 게 옳다. 다른 누가 집을 무너뜨리면 폭력을 행사한 거다.

나폴레옹 사전에 불가능이 없다면 하느님 사전에는 억지 폭력이 없다.

제 몸이 곧 저라는 착각에 갇혀 있어서 그래서 사람들이 죽음을 겁내고 꺼린다. 죽음이라는 이름으로 통하는 몸의 소멸은 하느님의 영이 잠시 머물던 여인숙을 부수는 거다. 죽음을 무서워하거나 기피할 이유도 터무니도 없는 게 사람이다.

72

한 [사람이] 그분께 [말씀]드렸다.
"아버지의 재물을 저에게도 나눠주라고 제 형제들한테 말씀 좀 해주십시오."

그분이 그에게 이르셨다.
"여보게, 누가 나를 재물 나누는 사람으로 만들었는가?"

그리고 제자들을 돌아보시며 그들에게 이르셨다.
"나는 재물 나누는 사람이 아니다, 안 그런가?"

그분이 그 사람 부탁을 거절하신 건가? 그렇다, 그리고 아니다. 부탁을 거절하신 게 부탁을 들어주신 거다. 무엇이든 망설이지 말고 부탁드려라. 다만, 네 부탁을 들어주시되 들어주시는 방법이 네가 기대한 것과 다를 수 있다는 사실을 받아들여라.

그건 그렇지만, 그래도 누구에게 무엇을 부탁하려면 그가 기꺼이 들어줄 수 있을 만한 것을 부탁하는 게 예의다. 안 그런가?

73

예수께서 이르셨다.

"거둘 것은 많은데 일꾼이 적구나. 그러니 밭에서 일할 일꾼들을 보내달라고 추수마당 주임에게 청하여라."

거둘 것들에게 하신 말씀이 아니다. 거두는 이들에게 하신 말씀이다. 환자들은 많은데 간호사와 의사들이 적으니 간호사와 의사들을 보내달라고 병원장에게 청하라는 말씀이다.

누구한테서 돌봄을 받아야 하고 돌봄 받기를 원하는 사람은 많은데, 누구를 돌봐줄 수 있고 스스로 원해서 돌봐주려는 사람이 적은 세상이다.

받겠다는 사람은 많은데 주겠다는 사람이 적다. 그러니 이 말을 듣는 사람아, 네가 먼저 주는 사람으로 살게 해달라고 하느님께 청하여라.

분명한 사실 하나! 만유가 서로 주고받으며 사는 게 생명의 원리다. 하지만 먼저 주고 나중에 받는 것이 법이다. 먼저 받고 나중에 줄 수는 없는 일이다.

네가 누구에게 주는 건 네 힘으로 할 수 있지만 누가 너에게 주는 건 네 힘으로 할 수 있는 일이 아니다. 할 수 없는 일에 괜한 수고 하지 말고 할 수 있는 일이나 하면서 살아라.

그분이 말했다.

"주인님, 마시려는 사람들은 많은데 우물에는 아무도 없습니다."

세상이 나아지려면 이래야 한다, 저래야 한다, 말들은 참 많은데 그대로 하는 사람은 만나보기 어렵네요.

그러면 네가 먼저 그 사람 되기를 소원하여라. 네가 원한다면 너의 주인인 내가 너를 그 사람으로 만들어주겠다.

✝

예수께서 이르셨다.

"문간에 서 있는 사람들은 많다. 그러나 혼자인 사람들만이 신방에 들 것이다."

신랑이 혼자다. 어떻게 여러 신부들이 무리지어 신방에 들 것인가? 저마다 혼자 태어나 혼자 살다가 혼자 죽는, 이것이 어쩔 수 없는 인생이다.

이래도 저래도 혼자일 수밖에 없는 인간이건만 참으로 혼자일 수 있는 사람이 오히려 드물구나. 상황 때문에 혼자로 된 사람이 아니라 스스로 혼자인 사람, 그가 신방에 들 것이다.

76

예수께서 이르셨다.

"아버지 나라는 잡화가 많은 상인이 진주 한 알을 발견한 것과 같다. 상인은 계산속이 밝아서 가진 잡화를 모두 팔고 그것으로 자신을 위해 진주 한 알을 샀다. 그런즉 너희는 좀 먹지도 않고 녹슬지도 않는 곳에서 다함이 없고 오래 가는 그분의 보물을 찾아라."

모든 보이는 것들이 보이지 않는 것에서 온다. 보이는 것들은 언제고 때 되면 더 볼 수 없지만, 돌 위에 돌 하나 얹혀 있지 않고 사라지지만, 보이지 않는 것은 무한하여 온갖 보이는 것들을 끝없이 있게 한다. 이것(상인의 온갖 잡화)은 있는 것 같지만 없는 것이고 저것(상인이 발견한 진주 알 하나)은 없는 것 같지만 있는 것이다.

세상에 없는 것들을 팔아 유일하게 있는 것을 샀으니 상인의 계산속이 참으로 밝구나. 좀먹지도 녹슬지도 않는 아버지 나라에는 빈틈이 없다.

예수께서 이르셨다.

"나는 모든 것들 위에 있는 빛이다. 내가 전부다. 모든 것이 나에게서 나오고, 그리고 나에게로 미친다. 나무 조각을 쪼개라, 내가 거기에 있다. 돌을 들어 올려라, 너희가 거기에서 나를 볼 것이다."

사람이 눈으로 나무와 나무 그림자는 볼 수 있다. 하지만 그것들을 있게 하는 빛은 보지 못한다. 눈에 보이지 않는 빛을 보려면 육의 눈과 함께 영의 눈이 밝아야 한다.

그림자를 보았으면 그것을 있게 한 빛을 본 것이다. "너희가 나를 보았으면 아버지를 본 것이다." 그렇다, 지금 보고 있는 것을 보는 눈에 복이 있다.

마음이 깨끗한 사람은 눈에 보이는 모든 것들에서 그것을 있게 하신 하느님을 본다. 만유가 하느님의 자기실현이라는 진실을 깨쳤다는 얘기다.

"하느님은 광물 속에서 잠자고 식물 속에서 꿈꾸고 동물 속에서 움직이고 사람 속에서 자기를 본다."(인도 고대 경전)

"어디에 부처가 있는가? 똥 막대기."(불경佛經)

예수께서 이르셨다.

"너희가 들판으로 나가는 까닭이 무엇이냐? 바람에 나부끼는 갈대를 보려고? [너희] 지도자들과 세도가들처럼 비단옷 입은 사람 보려고? 그들은 비단옷을 입었다. 하지만 진실을 깨치지 못한다."

사람 아닌 다른 생물이 되어본 기억이 없어서 모르긴 하지만, 유독 사람만이 자기가 누구고 지금 여기에서 무엇을 왜 하고 있는지를 묻는 것 같다. 다시 말해서 이런 질문을 스스로 하지 않으면 사람이 아니라는 얘기다.

비단옷 입은 세도가들을 보려면 들판이 아니라 왕궁으로 갈 일이다. 정치인으로 살려면 여의도로 갈 일이고 영화인으로 살려면 충무로로 갈 일이다.

오늘도 그분은 묻는다. "너희가 교회로 가는 까닭이 무엇이냐?"

그가 입은 비단옷이 그로 하여금 진실을 알지 못하게 하는가? 아니다. 넝마조차 없어 헐벗은 형제자매들이 자기 집 문간에 누워 있는데 집 안에서 비단옷을 입고 산다는 사실이 그의 눈을 가려 진실을 보지 못하게 하는 것이다.

한 여인이 군중 속에서 그분께 말씀드렸다.
"당신을 밴 태와 당신을 먹인 젖은 복도 많습니다."

그분이 [그녀에게] 이르셨다.
"아버지 말씀을 듣고 그것을 그대로 지킨 사람들이 복된 사람들이다. 너희가 '아이 배지 않은 태와 젖 먹이지 않는 젖이 복되다'라고 말할 날들이 올 것이기 때문이다."

행복의 조건이 외부에 있어서 누구 때문에, 무엇 때문에 행복하다면 그것은 참된 행복이 아니다. 자기 집 열쇠를 누군지도 모르는 엉뚱한 사람한테 맡겨 놓은 것과 같다.

누구나 어디서나 스스로 만들어 누릴 수 있어야 진정한 행복이다. 아버지 말씀을 듣고 그대로 지키는 것은 누구든지 원하면 할 수 있는 일이다.

예수의 모친 마리아가 "복도 많은 여인"이었던 건 분명한 사실이다. 그러나 그 이유는 예수 같은 훌륭한 아들을 낳아서가 아니라 "그대가 처녀 몸으로 아들을 낳아 이름을 예수라고 부르리라"는 천사의 말을 듣고 그 말이 자기한테서 이루어지기를 바랐기 때문이다.

"너희가 '아이 배지 않은 태와 젖 먹이지 않는 젖이 복되다'라고 말할 날들이 올 것이기 때문이다." (이 말을 앞의 말에 직접 연결시키기는 어렵지만) 언제고 환난의 날이 오더라도 아버지 말씀을 듣고 그대로 지키는 사람은 행복할 것이라는 뜻으로 새긴다.

80

예수께서 이르셨다.

"누구든지 세상을 알게 된 사람은 몸을 발견한 사람이다. 몸을 발견한 사람, 그에게 세상은 쓸모없는 것이다."

본문의 '몸'을 '시체'로 바꾸면 그대로 56절이다. 몸은 물질이라 스스로 움직이지 못한다. 시체나 마찬가지다. 세상을 제대로 본 사람은 그것이 스스로 움직이는 것 같지만 바늘 끝만큼도 스스로 움직이지 못한다는, 들판을 달리는 열차와 같다는, 보이지 않는 진실을 안다. 열차는 조립된 쇳덩어리라 스스로 움직일 수 없는 물건이다. 사람 몸이 그와 같다.

네 손이 네가 시키는 대로 어김없이 움직이는 까닭은 네 손이 따로 살아서 제 맘대로 움직이지 않기 때문이다.

"누가 이 눈으로 저 나무를 보는가?"(루미)

그 '누구'로 말미암아 우주가 돌아간다. 하늘의 별들이 스스로 돌아가는 게 아니다. 그 '누구'가 없으면 세상은 그냥 사물이다.

예수께서 이르셨다.

"부유해진 사람으로 하여금 다스리게 하라. 그리고 힘을 가진 사람으로 하여금 버리게 하라."

아무튼지 간에 하느님 대신 맘몬이 다스리는 세상이라면, 그것이 너희가 바라는 세상이라면, 부유한 자들로 하여금 다스리게 하라.

힘을 가진 사람만이 그것을 버릴 수 있다. 자기한테 없는 것을 누가 어떻게 버리랴? 그것을 버린 자는 비로소 알 것이다, 자기가 제대로 힘을 썼다는 사실을.

82

예수께서 이르셨다.

"누구든지 나에게 가까운 사람은 불에 가까운 사람이고, 누구든지 나에게서 먼 사람은 그 나라에서 먼 사람이다."

불은 모든 것을 태운다. 태워서 저마다 제 본연本然으로 돌아가게 한다. 재災는 재로, 쇠는 쇠로, 돌은 돌로, 금은 금으로.

예수는 이 땅에서 사람으로 실현된 하느님 나라였다. 누구든지 그분 가르침대로 살아보려고 애쓰는 만큼 그 나라에 가까운 사람이다.

예수께서 이르셨다.

"형상들은 사람 눈에 보인다. 하지만 그것들 속에 있는 빛은 아버지 빛의 형상 속에 감추어져 있다. 그분은 드러나겠지만 그분의 모습은 그분의 빛에 감추어져 있다."

빛은 존재하는 모든 것을 보여주지만 만유 속에 있는 저를 보여주지는 않는다. 세상에 빛을 본 사람의 눈은 없다.

만물은 보이지 않는 하느님의 자기표현이다. 그러나 그분의 모습은 보이지 않는 빛에 감추어져 있어서 아무도 볼 수 없다.

춤은 보이는데 춤추는 이가 보이지 않는다.

사람이 몸이라는 물질로 세상에 사는 한, 그에게 그분이 그렇다는 얘기다.

예수께서 이르셨다.

"너희가 너희와 비슷한 것을 볼 때, 너희는 행복하다. 하지만 너희보다 먼저 있고 죽지도 않고 눈에 보이지도 않는 너희 모습들을 볼 때, 과연 너희가 그것을 얼마나 견딜 수 있겠는지!"

거울에 비쳐 보이는 너는 네가 아니다. 너와 비슷해 보이는 너다. 네가 땅에서 맛보는 행복이란 기껏 거울놀이의 즐거움 같은 것이다.

천지창조 이전의 네 본래면목을 네가 본다면 얼마나 견딜 수 있을지 모르겠구나.

촌각도 견디지 못할 것이다. 등불 하나가 천년 어둠을 밝힌다고 했으니, 자신의 본래면목이 보인다는 건 빛을 거스르는 물질이 없어졌다는 말인데 없는 것이 무엇을 견딜 것인가?

✝

예수께서 이르셨다.

"아담은 큰 힘과 큰 넉넉함에서 왔다. 하지만 너희에게 값진 존재는 아니다. 그가 값진 존재였다면, [그가] 죽음을 [맛보지] 않았을 터이다."

세상에 자기 것 아닌 게 없지만, 하느님의 말씀을 어김으로써 자기를 잃어버린 사람이 아담이라면, 세상에 머리 둘 곳이 없지만, 아버지 뜻 앞에서 자기 뜻을 비워 천하를 당신 것으로 물려받은 사람이 예수다.

네가 과연 예수의 제자라면 마땅히 아담을 등지고 예수 그분을 앞에 모셔야 할 것이다.

86

예수께서 이르셨다.

"[여우들도] 제 굴이 있고 새들도 제 둥지가 있지만 사람들에 게는 누워서 쉴 곳이 없다."

제 굴이 따로 있고 제 둥지가 따로 있다는 말은 거기 아닌 다른 데는 굴도 둥지도 아니라는 얘기다. 굴이 있고 둥지가 있으면 그 리로 가야 한다. 다른 데로는 가지도 않지만 갈 수도 없다. 저 있 는 곳에 스스로 갇혀 사는 게 여우들이고 새들이다.

사람도 자기 집이 따로 있는 사람은 해 저물어 그리로 간다. 가야 한다.

여우도 있고 새도 있는 보금자리가 없는 사람, 그 사람만이 지금 자기가 있는 곳을, 거기가 어디든 간에, 보금자리로 삼을 수 있고 그래서 자유로울 수 있다.

흐름 위에 보금자리 친, 사방으로 부는 바람처럼 사는, 그 사람이 그 사람이다.

예수께서 이르셨다.

"몸에 의존하는 몸은 참으로 불쌍하다. 그 둘에 의존하는 영혼은 참으로 불쌍하다."

눈에 보이는 것들은 저마다 인과관계를 맺는다. 이것이 있어서 저것이 있고 저것이 없어서 이것이 없다. 그러므로 있는 것 같지만 실은 처음부터 없는 거다.

사람이 인과관계 틀에서 벗어나지 못하면 이른바 카르마 법칙의 사슬에서도 벗어날 수 없다. 당연히 끊임없이 이어지는 윤회의 수레바퀴에서 벗어날 수 없다.

고대광실에서 호사를 누린다 해도 그 모두가 허망한 만큼 불쌍할 따름이다.

'무엇 때문에', '무엇으로 말미암아…' 이런 말이 앞에 붙지 않는 몸, 사랑, 빛이 진짜다.

"나는 나인 나다. 내가 널 사랑하는 데는 아무 이유가 없다. 굳이 이유를 찾는다면 네가 너라서가 아니라 내가 나라서다."

참으로 있는 것은, 그게 무엇이든 간에, 다만 홀로 존귀할 따름이 다[唯我獨尊].

예수께서 이르셨다.

"전달자들과 예언자들이 너희에게 와서 본디 너희 것을 너희에게 줄 것이다. 너희는 그들에게 너희 가진 것을 주고 스스로에게 물어라, 저들이 언제 와서 본디 저희 것을 가져갈 것인가?"

전달자들과 예언자들은 하늘 심부름꾼들이다. 하늘이 너에게 무엇을 주었다면 그것은 본디 네 것이다. 하늘이 하는 일에는 어긋남이 없어 남의 것을 너에게 주었을 리 없다.

네가 누구에게 무엇을 준다면 지금 너에게 있는 것을 주는 거다. 너에게 없는 무엇 또는 남의 것인 무엇을 누구에게 줄 수 있겠는가?

스스로 물어보라. '나'라고 부르는 이 물건은 누구 것인가? 이것이 내 것 아님은 알겠는데, 저들이 언제 와서 본디 저희 것인 이것을 가져갈 것인가?

예수께서 이르셨다.

"너희는 어찌하여 그릇의 거죽을 닦느냐? 너희는 속을 만드신 분이 거죽을 만드신 분이기도 한 것을 모르느냐?"

그릇의 쓸모는 거죽이 아니라 속에 있다. 그릇뿐만이 아니다. 자동차도 그렇고 배도 그렇고 비행기도 집도 사람도 그렇다. 거죽 때문에 속이 있는 게 아니다. 그 반대다.

무엇이든지 겉모양은 잘 보이지만 속은 보이지 않는다. 사람이라고 예외일 리 없다. 먼저 마음을 닦아라. 몸도 따라서 정결해질 것이다.

90

예수께서 이르셨다.

"내게로 와라. 내 멍에는 편하고 내 다스림은 온유하다. 너희
가 쉴 곳을 찾게 되리라."

멍에는 일하는 소한테 지우는 것이다. 그러니까 당신께로 와서 당
신과 함께 당신의 일을 하자고 부르시는 거다.

편하고 보람된 일을 하면서 마음까지 안녕하면 세상에 그보다 좋
은 쉼터가 어디 있으랴.

그들이 그분께 말씀드렸다.
"당신이 누구신지 우리에게 말씀해주시어 우리로 하여금 당신을 믿게 해주십시오."

그들에게 이르셨다.
"너희가 하늘과 땅의 얼굴을 살피지만 바로 앞에 있는 사람은 알아보지 못한다. 그리고 너희는 지금 이 순간을 살필 줄 모른다."

눈먼 사람에게 무슨 말로 설명하면 그가 저 나무를 알 수 있겠는가?

"저로 하여금 눈을 떠서 보게 해주십시오. 제 눈으로 말고 당신 눈으로 저와 세상을 보게 해주십시오."
이것으로 너의 절실한 기도이게 하여라.

예수께서 이르셨다.

"찾아라, 너희가 보게 될 것이다. 하지만 지난날에는 너희가 나에게 청한 것을 내가 말해주지 않았다. 이제는 내가 그것들을 말해주려고 해도 너희가 그것들을 찾지 않는구나."

무엇을 아무리 보고 싶어도 보이지 않는 걸 볼 수는 없는 일이다. 무엇을 아무리 보여주고 싶어도 보려고 하지 않는 자에게 보여줄 수는 없는 일이다.

사람이 무엇을 보거나 무엇을 보여준다는 게 그런 거다. 그런데 무엇을 보고 보여주는 것만 그러하겠는가? 귀로 듣는 것도 그렇고 몸으로 하는 것도 그렇다.

93

[예수께서 이르셨다.]

"거룩한 것을 개들에게 주지 말라. 그것들이 그것을 거름더미에 던져버릴 수 있다. 진주를 돼지들에게 던지지 말라, 그것들이… 그것을[…]."

무엇이 거룩한 것인지 속된 것인지를 결정하는 건 무엇이 아니라 그것을 보는 사람이다. 부처 눈에는 부처만 보이고 돼지 눈에는 돼지만 보인다는 말이 그래서 있는 거다.

진주처럼 깨끗하고 소중한 너를 개돼지 같은 너한테 던지지 말라.

예수께서 [이르셨다.]

"찾는 사람이 보게 될 것이고, [문을 두드리는 사람]에게 그것
이 열릴 것이다."

무엇을 찾는 사람은 그게 아직 없는 사람이다. 자기한테 있는 것
을 찾는 사람은 없다. 열쇠가 있는 사람은 문을 두드리지 않는다.

그러나 무엇을 찾지 않는 사람은 그것이 보여도 보이지 않고, 문
을 두드리지 않는 사람은 문이 열려도 들어가지 않는다.

진실에 대하여 사람이 할 수 있는 일은 그것을 찾고 문을 두드리
는 게 전부요, 거기까지다.

95

[예수께서 이르셨다.]

"너희에게 돈이 있으면 이자 받으려고 그것을 꿔주지 말라. 오히려, 너희가 그것을 돌려받지 않을 누군가에게 [그것을] 주어라."

돈은 사람들이 서로 어울려 사는 데 필요해서 만든 방편들 가운데 하나다. 방편을 목적으로 삼지 말라. 이자놀이는 사람이 저를 해치는 대표적인 방편이다.

"이자 받으려고 돈을 꿔주지 말고 그것을 갚을 수 없는 사람에게 거저 주어라." 그랬다가는 인생 망하고 말 것이다, 라고 말하지 말라. 실제로 이렇게 해본 사람은 예수의 말씀이 헛말이 아니라 참말인 것을 안다.

사람이 살면서 예수의 말씀이 진실인 것을 깨쳤다면 그 사람 제대로 잘 산 사람이다.

96

예수께서 [이르셨다.]

"아버지 나라는 [한] 여인과 같다. 그녀가 누룩을 조금 가져
다가 그것을 가루반죽에 [감추었고] 그리고 그것으로 커다란
빵을 만들었다. 누구든지 여기 좋은 두 귀를 가진 사람은
더 잘 들었다!"

속에 감추어져 보이지 않는 것이 겉으로 드러나 보이는 것을 바
꿔놓는다.

아버지 나라는 가루반죽을 빵으로 바꾸는 누룩을 가루반죽에
감춘 여인 같은 것.

예수께서 이르셨다.

"아버지 나라는 곡식이 가득한 [항아리를] 옮기는 한 여인과 같다. 그녀가 먼 길을 걷는 동안 항아리 손잡이가 부서져서 곡식이 길을 따라 그녀 뒤로 흘러내렸다. 그녀는 그것을 몰랐다. 문제로 삼지도 눈여겨보지도 않았다. 집에 이르렀을 때 그녀는 항아리를 내려놓았고 그것이 텅 비어 있는 것을 발견하였다."

먼 길을 걸으며 수고가 많았지만 모두가 괜한 짓이었음을 종점에 이르러 알게 된다. 허망한 것을 마침내 허망한 것으로 깨치는 여인이 아버지 나라다.

괜한 짓이 괜한 짓임을 몸소 해보지 않고서 어찌 알겠는가? 아버지 나라는 무엇이 아니라, 무엇이 무엇임을 경험으로 깨달아서 아는 것이다.

98

예수께서 이르셨다.

"아버지 나라는 힘센 사람을 죽이려는 사람과 같다. 집에서 그는 자기 손이 말을 잘 듣는지 알아보려고 칼을 뽑아 그것으로 벽을 찔러본다. 그러고 나서 힘센 사람을 죽인다."

네가 장차 할 일보다 먼저고 중요한 것은 그 일을 하게 될 너 자신이다. 안에서 너를 세우지 않고서는 밖으로 아무 일도 할 수 없기 때문이다.

진정한 힘의 방향은 밖에서 안으로가 아니라 안에서 밖으로다. 아버지 나라가 그렇다. 남한테서 찾지 마라, 벗어날수록 나로부터 멀어지느니[切己從他覓 超超與我疎].

제자들이 그분께 말씀드렸다.

"당신 어머니와 형제들이 밖에 서 계십니다."

그분이 그들에게 이르셨다.

"여기 내 아버지께서 원하시는 일을 하는 사람들이 내 형제들이요, 내 어머니다. 그들이 내 아버지 나라에 들어갈 사람들이다."

"내 아버지께서 원하시는 일을 하는 사람들이 있다"는 말은 그러지 않는 사람들이 있다는 말이다. 그들은 아버지께서 원하시는 일보다 본인이 원하는 일을 한다. 그런 사람들은 비록 한 핏줄이라 해도, 당신 형제도 어머니도 아니라는 말씀이다.

'아버지 나라'는 사람 몸으로 이루어지는 나라가 아니라 그 몸의 삶으로 이루어지는 나라이기에 그런 것이다.

100

그들이 예수께 금전 한 닢을 보이면서 말씀드렸다.
"로마 황제의 사람들이 우리에게 세금을 내라고 합니다."

그분이 그들에게 이르셨다.
"황제에게 속한 것은 황제에게 주고 하느님께 속한 것은 하느님께 드리고 그리고 내 것은 나에게 주어라."

네 눈앞에 있는 물건이 황제 것인지, 하느님 것인지 아니면 다른 누구 것인지를 결정하는 건 물건이 아니라 그것을 보는 너 자신이다.

황제에게 세금을 바치느냐 마느냐는 중요한 게 아니다. 지금 네 앞에 있는 것과 그것을 보고 있는 너 자신이 누구의 것이라고 생각하느냐, 여기에 온갖 문제와 답이 있다.

✝

[예수께서 이르셨다.]

"누구든지 [아버지와] 어머니를 나처럼 미워하지 않는 사람은 내 [제자가] 될 수 없다. 그리고 누구든지 [아버지와] 어머니를 나처럼 사랑하지 [않는] 사람은 내 [제자가] 될 수 없다. 내 어머니는[…]지만, 내 참 [어머니는] 나에게 생명을 주셨기 때문이다."

몸과 생명을 떨어뜨려놓을 수는 없지만 몸이 곧 생명은 아니다. 하나면서 둘이고 하나도 아니면서 둘도 아닌 이 두 어머니(아버지) 사이에서 한쪽을 미워함으로 사랑하고 다른 쪽을 사랑함으로 사랑하는 데 참사람 예수의 길이 있다.

스승의 길을 좇아서 함께 걷지 않는 제자란 세상에 있을 수 없는 물건이다.

102

예수께서 이르셨다.

"저주받을 바리사이들! 저들이 소 여물통에서 잠자는 개와 같아, 저희도 먹지 않으면서 소도 먹지 [못하게] 하는구나."

하는 짓이 고약해서 다른 누가 저들에게 저주를 내린다는 말이 아니다. 심은 대로 거두는 원리에 따라 저마다 제가 저를 축복하고 제가 저를 저주하는 것이다.

✝

예수께서 이르셨다.

"반역자들이 어디로 공격해올지 아는 사람들에게 복이 있다. [그들이] 가서 제국의 자원들을 모아 반역자들이 도착하기 전에 방비할 수 있으니까."

가장 취약한 곳이 적의 공격을 받기에 가장 좋은 곳이다. 자기 약점을 제대로 아는 사람은 복 있는 사람이다. 거기를 보완하여 적의 공격에 대비할 수 있으니.

공격을 당하고 나서 방어하는 건 너무 늦다.

그들이 예수께 말씀드렸다.

"오십시오, 우리와 함께 기도하고 같이 금식하십시다."

예수께서 이르셨다.

"내가 무슨 죄를 짓거나 무엇을 하지 않았던가? 아니다, 신랑이 신방을 떠날 때, 그때 사람들로 하여금 기도하고 금식하게 하라."

금식이나 기도를 하느냐 마느냐보다 그것들을 언제 어떻게 왜 하느냐가 더 중요하다. 설익은 과일은 맛도 없지만 사람의 배를 아프게 할 수 있다.

무엇이든지 겉모양보다 알속이 더 중요하다는 말은 구태여 할 필요도 없는 말이다. 신랑이 신방을 떠나는 것이 알속이고 금식하는 것은 겉모양이다.

예수께서 이르셨다.

"누구든지 아버지와 어머니를 아는 사람은 창녀의 자식이라 불릴 것이다."

아버지와 어머니를 안다는 말은 자기가 어디에서 왔는지를 안다는 말이다. 그런 사람이 존대 받지 못하는 데가 인간 세상이다. 그래서 창녀의 자식이라고 불린다.

하지만, 창녀는 무엇인가를 위해서 자기 몸을 파는 여자다. 창녀는 홀로 존재할 수 없다. 사주는 남자 없이는 아무리 팔고 싶어도 팔 수 없는 게 창녀의 몸이기에.

어머니가 창녀면 아버지는 창녀를 산 남자다. 그렇다면 세상에 누가 창녀의 자식 아닐까? 말만큼은, 비록 사람들이 그런 뜻으로 한 말이 아니라 해도, 옳은 말이다.

106

예수께서 이르셨다.

"너희가 둘을 하나로 만들 때 너희는 아담의 자식들이 될 것이다. 그리고 너희가 '산아, 여기에서 움직여라!'라고 말할 때 그것이 움직일 것이다."

여기 '아담'은 '사람'의 다른 이름이다. 아담은 본디 저 자신이었던 여자와 하나로 된 남자다. 둘이 하나로 된다는 말은 본디 하나로 돌아간다는 말이다. 남자와 여자가 서로 떨어져 별개로 존재하면 아직 온전한 사람이 아니다.

사람 말에는 힘이 있다, 멀쩡한 산이 움직일 만큼. 그러나 그 말에 털끝만큼의 불신不信도 섞여 있지 않아야 한다.

예수께서 이르셨다.

"그 나라는 양 백 마리가 있는데 그 중에서 가장 큰 양 한 마리를 잃어버린 목자와 같다. 그가 아흔아홉을 두고 하나를 찾아 나서서 그것을 발견했다. 수고를 마친 그가 양에게 '나는 아흔아홉보다 너를 더 사랑한다'고 말했다."

하늘나라는 땅의 나라들과 계산법이 다르다. 아흔아홉이 하나보다 가볍다. 이유는 간단하다. 하나는 길을 잃었고 아흔아홉은 길을 잃지 않았기 때문이다.

영혼에는 양量이 없다. 오직 질質이 있을 뿐.

이 땅에서 하늘 법도로 살고자 하는 사람들이 변두리로 내몰리고 따돌림 당하는 데는 그럴 수밖에 없는 까닭이 있다.

108

예수께서 이르셨다.

"누구든지 내 입에서 나오는 것을 마시는 사람은 나로 될 것이다. 나 스스로 그 사람이 될 터인즉, 감추어진 것이 그에게 드러날 것이다."

사람 입에서 나오는 건 말이다. 말은 생각이고 느낌이다. 그러니까 생각과 느낌이 당신하고 같은 사람, 당신 말씀을 귀로 듣기만 하는 게 아니라 몸으로 먹어 그것과 하나를 이룬 사람, 그 사람이 당신과 하나 되어 여태 감추어진 것을 보게 된다는 말씀이다.

사람이 사람 말을 듣는다는 건 들은 사람이 말한 사람을 자기 몸으로 살린다는 것이다.

예수께서 이르셨다.

"[아버지] 나라는 자기 밭에 보물이 감추어져 있는데 그걸 모르는 사람과 같다. 그가 죽었을 때 그는 그것을 [아들에게] 물려주었다. 아들도 그것에 대하여 몰랐다. 그가 밭을 물려받고 그것을 팔았다. 산 사람이 밭을 일구다가 보물을 [발견했고] 누구든지 자기가 원하는 사람에게 이자 받고 돈을 빌려주기 시작했다."

인생의 보물이라는 것이 멀리 어디 따로 있는 게 아니다. 지금 네가 하고 있는 일, 바로 그 속에 너를 위한 보물이 감추어져 있다.

평생 뼈빠지게 일만 할 참이냐? 그 일에 너를 위한 보물이 감추어져 있는 건 모르고?

옛글에 "천자로부터 서인에 이르기까지 모두가 수신修身을 본으

로 삼는다" 했다. 저마다 하는 일은 다르지만 그 일로 자기를 닦
는 것이 근본이라는 얘기다.

110

예수께서 이르셨다.

"세상을 발견한 사람, 그래서 부유해진 사람, 그로 하여금 세상을 버리게 하라."

자기를 부정하고 자기를 버리려면 자기를 긍정하고 자기를 가졌어야 한다. 희망은 아버지 집을 떠나지 않은 큰아들이 아니라 그 것을 버리고 떠난 작은아들한테 있다.

"먼저 추락이 있고 그 뒤에 회복이 있다. 둘 다 은총이다."(노리치의 줄리안)

111

예수께서 이르셨다.

"하늘과 땅이 너희 앞에서 말려 올라갈 것이다. 그리고 누구든지 살아있는 이한테서 살아있는 사람은 죽음을 보지 않을 것이다."

예수께서,

"자기 자신을 찾은 사람들, 그들에게 세상은 쓸모가 없다"고 말씀하시지 않는가?

"살아있는 이한테서" 살아있다는 말은 "살아있는 이로 말미암아" 살아있다는 뜻이다.

하늘도 땅도 그것들이 거기 있는 걸 네 눈으로 볼 수 있다. 그러므로 언제고 때가 되면 네 눈앞에서 사라질 것이다. 하지만 생명한테서 생명을 얻어 사는 사람은 자기 죽음을 볼 수 없다. 생명이 생명이면서 어떻게 죽는단 말인가?

이런 말이 참말임을 알게 되는 그 사람이 진정 복된 사람이다. 그 길은 다른 데 있지 않다. 죽음이 건드릴 수 없었던 그분의 가르침으로 오늘 하루를 온전히 사는 데 있다.

112

예수께서 이르셨다.

"영혼을 의존하는 육체에 앙화가 미친다. 육체를 의존하는 영혼에 앙화가 미친다."

무엇이 다른 무엇에 의존한다는 건 무엇이 다른 무엇에 자기 존재의 뿌리를 둔다는 말이다.

아버지와 아들이 서로 독립된 존재는 아니지만 아버지는 아버지고 아들은 아들이듯이, 영과 육을 나눠놓을 수는 없지만 영은 영이고 육은 육이다. 둘의 뿌리를 한데 섞어서 이도저도 아닌 무엇으로 만들기는 처음부터 불가능한 일이다.

사람이 해도 되지 않을 일을 시도하는 것 자체가 앙화殃禍다.

113

그분 제자들이 그분께 여쭈었다.
"그 나라가 언제 올까요?"

[예수께서 이르셨다.]
"그 나라는 그것을 지켜보는 눈 때문에 오지 않을 것이다.
그 나라는 '보아라, 여기 있다!' 또는 '보아라, 저기 있다!'고
말할 수 있는 나라가 아니다. 오히려, 아버지 나라가 땅 위에
퍼져 있는데 사람들이 그것을 보지 않는다."

하느님 나라는 사람 눈으로 볼 수 없는 하느님이 다스리는 나라
다. 그것이 사람 눈에 보인다면, 그렇다면 하느님 나라가 아니다.

하느님 나라는 어떤 곳에 따로 있는 나라가 아니다. 그것을 알아
보는 눈에 있는 나라가 하느님 나라다. 빛 같은 사랑에 무슨 경계
가 있고 울타리가 있단 말인가?

114

시몬 베드로가 그들에게 말했다.
"마리아로 하여금 우리를 떠나게 하자. 여자들은 생명의 자격이 없으니."

예수께서 이르셨다.
"보아라, 내가 그녀를 인도하여 남자로 만들 것이고 그러면 그녀 또한 너희 남자들처럼 살아있는 영으로 될 것이다. 누구든지 자기를 남자로 만드는 여자는 하늘나라에 들어갈 것이므로."

당시 풍조로 아이들과 여자들은 사람 수를 헤아릴 때 아예 포함되지 않았다. 그런 시절이었다. 그러니 베드로가 이렇게 말한 것은 하나도 잘못된 게 아니다. 하지만 예수는 시대의 풍조에 제한된 말을 할 수 없다. 그건 영원의 언어가 아니기 때문이다.

여자도 사람이니 그렇지 않다는 말은 당시 제자들로서 알아들을 수 없는 말이었으리라. 그러니 같은 내용을 이렇게, 여자도 남자로 될 수 있다는 말로, 표현하고 있는 거다. 시간의 언어로 영원을 말하자니 다른 길이 없다.

여자도 사람이고 남자도 사람이다. 여자가 여자를 넘어 사람으로, 남자가 남자를 넘어 사람으로, 여기에 사람이 사람으로 되는 오롯한 길이 있다. 여자도 남자도 아닌 사람으로 사는 사람, 그에게 하늘나라 백성 될 자격이 있다.

(이 절은 추후 어록에 첨부된 것임.)